Röggla | Das Wasser

Theater der Gegenwart

Kathrin Röggla
Das Wasser

Anmerkungen und Nachwort von Björn Hayer
Mit einem Essay von Kathrin Röggla

Reclam

RECLAMS UNIVERSAL-BIBLIOTHEK Nr. 14364
2023 Philipp Reclam jun. Verlag GmbH,
Siemensstraße 32, 71254 Ditzingen
info@reclam.de

Kathrin Röggla, Das Wasser

Gestaltung: Cornelia Feyll, Friedrich Forssman
Druck und Bindung: Esser printSolutions GmbH,
Untere Sonnenstraße 5, 84030 Ergolding
Printed in Germany 2025
RECLAM, UNIVERSAL-BIBLIOTHEK und
RECLAMS UNIVERSAL-BIBLIOTHEK sind eingetragene Marken der Philipp Reclam jun. GmbH & Co. KG, Stuttgart
ISBN 978-3-15-014364-3
reclam.de

In diesem Stück treten möglichst viele Schauspieler auf. Wir sind ja auch stets viele, zu viele, aber dennoch sind die human ressources immer knapp, deswegen sehen wir, wie wir zurechtkommen. Vielleicht ist das ja nicht schlecht, wenn niemand nur eine Rolle spielen muss, sondern verschiedene, und das in unterschiedlichen Rahmenbedingungen.

Der Zustand ist wie folgt zu beschreiben: Alles ist weit weg. Also viel zu weit weg. Die Katastrophen, die sich vollziehen, sind immer woanders, auch wenn sie real vor unserer Haustüre stattfinden. Noch immer werden sie Naturkatastrophen genannt. Auch »unser« Wissen darüber hält sich auf Abstand, als hätte Kausalität ausgesetzt, was soll's, ein Überblick ist ohnehin nicht zu bekommen, schon gar nicht im Theater. Wir wissen so viel: Die Tragödie lebt vom Handlungsdruck, und der ist gegeben. Die Uhr tickt, und die Dinge sind immer bereits aus dem Rahmen, die Dimensionen stimmen nie, kaum versucht man Probleme zu benennen, und das menschliche Maß ist aus »uns« ausgewandert. Unsere Vorstellungskraft ist mit einem Kausaldenken überbeschäftigt, das sie nicht fassen kann. Alleine der Gedanke, als Menschen nun eine geologische Kraft zu sein, aber eben nicht als einzelne, sondern nur als »wir«, als Menschheit, ist einer, der stolpern lässt. Und hier wird gestolpert. Ein Stück voller Stolpersteine. Kein Modell gibt noch was her für den größeren Gedanken, das Kümmerliche und das [illegible], das Fiktive der Narrationen und das Material des Realen streiten miteinander.

Wenn man etwas nicht annähernd in einem Stück erzählen kann, schiebt sich die Suchbewegung in den Vordergrund. Selbst der Mythos, der oft gewählte Ort gegenwärtiger Kli-

maerzählungen, kann nur noch besucht werden. Hier ist es eine biblische Erzählung, die aus ihrer historischen Tiefe heraus uns die Bewegung der Gegenwart nachvollziehen lässt. Jonas und der Wal. Das Buch Jona fasziniert. Es beschreibt die Situation, in der wir uns befinden, treffend. Das Herumschieben der Schuldfrage, der Größenwahn, der Trotz. Was dieses Stück allerdings wirklich zu einem Ganzen macht, ist das Publikum. Die Narration ist auf es übergegangen, es wird die unterschiedlichen Arten des Angesprochenseins erleben, von der Wut der Bürger:innen, die Ansprache als Experten, bis zur Sorge der Krankenpfleger. Ansonsten ist das Vorher und Nachher übergegangen auf ein zyklisches Modell der Katastrophe: Vor der Flut kommt die Dürre, nach der Dürre kommt die Flut. Das Grundwasser steht auch nicht mehr, es drückt hoch und es fällt ab. Das Meer hat keiner mehr wirklich gesehen, manche von uns aber noch viel unwirklicher. Unsere Hoffnung bleibt, dass unsere Kinder auf dieser Bühne nicht erscheinen werden.

Erstes Bild: Die Flut

Ein medialer Zusammenhang: ANSAGERIN und MODERATOR
Politikerrunde: REDNER, CO-REDNER/IN, ZUSATZREDNERIN
Referentenrunde: REFERENTIN, REFERENT
Bürger: BÜRGERIN, BÜRGER, ALTBÜRGER/IN (Ansagerin?)

Zweites Bild: Überfluss (Ninive)

CEO (Redner)
BÜRGERIN
FRAU MIT ZUKUNFT
MANN MIT VERGANGENHEIT
KREDITBERATER und EINHEIZER

Drittes Bild: Grundwasser (hochdrückende Gewässer)

ERWACHSENE/R, ZWEITERWACHSENE/R, GEGENERWACHSENE/R (Mann mit Vergangenheit)
FRAU MIT ZUKUNFT
KIND 1, 2, 3

Viertes Bild: Dürre

MODERATOR, ANSAGERIN, FRAU MIT ZUKUNFT, ERWACHSENE/R, GEGENERWACHSENE/R, REFERENTIN, REFERENT

Fünftes Bild: Das Meer

KIND 1, 2, 3

Das Publikum ist fiktiv anfangs die gefürchtete Wählerschaft/Öffentlichkeit
Danach die Experten
Dann fiktiv die Kinder, junge Generation
Danach die Kranken und Versehrten, die, die sterben werden
Grundsätzlich haben die Figuren Angst vor dem Publikum, das ist sehr komisch zu spielen, ich weiß – nur im letzten Bild wird zumindest dieses Problem verschwinden.

Erstes Bild: Die Flut

Studio

ANSAGERIN. Die schlechte Nachricht zuerst.

MODERATOR. Nein, so fängst du nicht an.

ANSAGERIN. Ich fange überhaupt nicht an.

MODERATOR. Doch, doch! *(Schubst sie nach vorne.)*

ANSAGERIN. Also, die schlechten Nachrichten zuerst. Plötzlich haben wir Flüsse. Das war nicht vorauszusehen. Plötzlich haben wir Berge, Meere und Seen, ja, wir haben Gewässer. Stehende und fließende, vom Grund aus aufsteigende. Plötzlich sind sie da, Flüsse, wo vorher nichts oder allenfalls Bäche oder Fließe waren, oder eine Straße, ein Parkplatz, eine Shoppingmall, wo vorher eine U-Bahn-Station war, jetzt ein Fluss, wo vorher die Siedlung stand, jetzt reißendes Wasser. Flüsse und Pegelhöchststände, Flüsse und 800 l pro qm am Tag. Uns fehlten eigentlich 800 l pro qm im Jahr. Und jetzt das alles an einem Tag. Heute. Also jetzt.

Da! Kurzzeitig stehendes Gewässer, das wieder in Bewegung gerät! Den ganzen Winter über keine Flüsse, im Sommer vorher noch viel weniger. Und jetzt? Man möchte hinaus, öffnet die Tür, und da ist ein Fluss. Man sieht zum Fenster hinaus, und da steht Wasser. Es steht auf einen Meter, zwei Meter, fünf Meter, sieben Meter, und der Regen nimmt kein Ende. Du möchtest aus dem Auto aussteigen, und da drückt eine Wand Wasser dagegen. Du siehst aus dem Fenster und stellst fest, du bist unter Wasser. Es will herein. Es kennt immer schon die

Ritzen, Spalten, kleinen Risse, Löcher. Es kennt den Weg, bevor du ihn kennst.

MODERATOR. Wir wissen, Sie finden sowas nicht gut. Das gehört nicht hierher, werden Sie sagen. Wir haben moderate Verhältnisse, da, wo wir leben, sagen Sie. Und wenn die nicht mehr moderat sind, wenn die völlig unvorhersehbar werden, dann setzen wir unsere Politik in Bewegung, so ist es doch, oder? Aber sie kommt nicht recht in Bewegung! Das erwarten wir hier oben auf der Bühne von Ihnen. Sie da unten müssen die Politik in Bewegung bringen, damit wir es hier oben fein haben, hier in unserem Theater.

ANSAGERIN. Auch wir fragen, woher kommt das ganze Wasser so plötzlich? Also wir leben ja nicht mitten im Gebirge, wo stets was von oben kommt. Wir haben hier auch kaum ein Oben oder Unten, da sind wir uns sicher, wozu sonst der ganze Sozialstaat? Dennoch, das Oben muss unmerklich entstanden sein über Nacht. Ein Berg muss gewachsen sein, denn den braucht es doch, damit ein Gefälle entsteht.

MODERATOR. Unmerklich, und doch eine Katastrophe mit Ansage, werden Sie sagen. Wir hätten es wissen können, d. h. irgendjemand hätte es wissen können, der uns mal bitte schön Auskunft hätte geben sollen …

ANSAGERIN. Das Wasser macht dabei keine Geräusche, es ist ganz leise, unheimlich still. D. h., eben noch war es still – da haben wir das Hausdach noch gesehen, wie es herausragte aus der Flut, jetzt ist es wieder still, und das Hausdach ist weg. Und schon wieder ist es still, und man sieht auch nichts mehr vom LKW, der sich eigentlich in der Bundesstraße verkeilt hat. Vermutlich ist er wieder frei, fließt weiter. Es heißt, alles fließt jetzt weiter, aber zu sehen ist nichts. Ist ja mittlerweile schon fast ganz dunkel.

MODERATOR. Zu hören auch nichts, d. h. einmal war es doch laut. Oder war es in Wirklichkeit die ganze Zeit schon laut, nur wir konnten es nicht mehr hören, wir konnten den Lärm nicht mehr hören, d. h. wir konnten ihn nicht mehr erkennen als Lärm. Denn das passiert, wenn man eine Art von Geräuschen nicht mehr vom Hintergrund unterscheiden kann. Man sagt ja, die brüllenden Gewässer, die stampfenden, schlagenden, gurgelnden, brausenden und rauschenden, aber das verliert auch irgendwann seinen Sinn, wenn es andauert.

ANSAGERIN. Sie sind jedenfalls lauter als die Menschen, die auf den Dächern sitzen. Auf jedem Dach ein kleines Grüppchen. Wir haben versucht, uns gegenseitig anzurufen, selbstverständlich, mit unseren Handys, Nachbarn im Chat, aber da war nichts zu machen, die Netze waren zusammengebrochen, sofort zusammengebrochen, alle Netze. Das einzig existierende Netz ist das Wasser, aber es bringt nicht zusammen, es reißt auseinander.

MODERATOR. Das wollen Sie jetzt nicht hören, stimmt's?

ANSAGERIN. Auch Flüsse hören nicht immer etwas, wissen Sie, dass manche von ihnen taub genannt werden? Ja, es gibt in der Natur nicht nur taubes Gestein, es gibt auch taube Flüsse. Oder haben Sie noch nie von der Tauber gehört, von der Taubkyll? Und jetzt, jetzt hören sie alle garantiert gar nichts mehr. Sie hören nicht die Rufe der Menschen und Tiere, sie hören nicht das Ächzen der Gebäude, es interessiert sie ganz und gar nicht.

MODERATOR. Sowas gibt es nicht in Ihrer Welt, was? Einer Welt, in der Bachregulierungen einen Sinn machen und der Regen wandert. Mal da hin, mal dorthin, nicht immer auf einer Stelle.

ANSAGERIN. Wegen des Lärms wechseln die Flüsse jetzt schnell ihre Namen. Sie heißen jetzt nicht mehr Reichsteiner Bach, Rinnel, Biela, der Bielebach, der Leupolishainer Bach, der Teufelsgrundbach und der Eselsgrund, sie heißen nicht Waldbach und Pehnabach, nicht Schafhornbächel und Stuppenbach, nicht mehr Katzbach, Prießnitz und Weißeritz, Buchenbach und Amselgrundbach, es gibt nicht mehr den Weißtropper Graben, den Kleditschgrundbach, die Wilde Sau und den Lowitzbach oder Wolfsteichbach, sie heißen nur noch »die Flut«. Die Flüsse antworten jetzt mit einer Stimme, die Steine und Berge antworten jetzt mit einer Stimme, die Felsabbrüche antworten mit einer Stimme.

MODERATOR. Das ist das Wasser: Tosendes Geräusch, knallendes Geräusch, klirrendes Geräusch, man hält es kaum aus. Macht doch jemand bitte das Fenster zu!

ANSAGERIN. Die Rede ist vom bleibenden Wetter, das Wetter bleibt jetzt immer bei uns, mehr noch, es tritt auf der Stelle.

MODERATOR. Etwas ist durcheinandergekommen und tritt auf der Stelle. Und wir wissen wie immer nichts. Das heißt, nachher werden wir alles gewusst haben, nur jetzt wissen wir nichts. Das ist doch immer so. Nachher heißt es: Manches ist freigeschwemmt worden.

ANSAGERIN. Manches wird freigeschwemmt werden, freigespült. Ganze Munitionslager werden freigespült aus dem Zweiten Weltkrieg. Dass dieser Zweite Weltkrieg immer wieder freigespült werden kann, ist erstaunlich. Immer wieder wird er freigespült und mit ihm wird jede Menge mit freigespült aus unserer sogenannten Jetztzeit.

MODERATOR. Wir wissen wie immer nichts und werden nachher alles gewusst haben.

ANSAGERIN. Das Wasser steht auf einen Meter, zwei Meter, fünf Meter, sieben Meter, und der Regen nimmt kein Ende. Du machst die Tür auf, und da steht eine Wand Wasser. Du siehst aus dem Fenster und stellst fest, du bist unter Wasser. Es drückt herein, es kennt immer schon die Ritzen, es kennt den Weg.

(Im Hintergrund taucht vielleicht ein Schriftzug auf, der sagt: »Sind Sie mit der Hochwasserhilfe 2021 zufrieden? Was wünschen Sie sich für eine Hochwasserhilfe 2022? Beantworten Sie diesen Fragebogen in nur zehn Minuten!«

Im Hintergrund taucht vielleicht ein Schriftzug auf, der sagt: Sind Sie mit Jonas und seiner Hochwasserhilfe zufrieden? Hat Jonas die Warnlücke schließen können, wie Gott ihm befahl? Wie hat die Stadt Ninive die Nachricht über ihren Untergang aufgenommen?

Im Hintergrund taucht vielleicht ein Schriftzug auf, der sagt: Wie bewerten Sie Ninive, biblische Stadt der Sünden oder nur eine ganz normale westliche Großstadt? Ist Jonas überhaupt auf dem Weg nach Ninive gelangt? Oder ist er noch in dem Sturm am Meer? Wird ihm Gott einen Wal schicken, um ihn zu retten? Wie wird der heute aussehen?)

Im Bauch des Wals

Pressekonferenz. Politiker. Stadtverantwortliche. Runder Tisch. Männlich, weiblich, divers. Da sitzen welche, die versuchen sich rauszureden und schielen ängstlich aufs Publikum, sie sprechen grundsätzlich nach vorne, nicht miteinander.

REDNER. Warum wir nicht im Bauch des Wals sind? Ganz einfach, weil wir uns nicht drücken. Wir rennen vor keiner Verantwortung davon, wir stellen uns ja. Oder sind wir etwa jetzt nicht da? Außerdem lebt es sich im Augenblick hier nicht schlecht, die Wasserversorgung steht wieder, genug Frischwasser für alle Bewohner, die Zufahrtswege sind wieder garantiert, wenn auch nicht in alter Form hergestellt. Zumindest von der einen Seite …

CO-REDNER/IN. Das wird auch nicht gehen. Wir werden uns von einigem verabschieden müssen …

REDNER. Da kann uns keiner kommen. Die Elbe fließt auch wieder ab, also normal, wie sie sollte – na ja, sagen wir, sie fließt wieder im Rahmen, auch das Wasser hat wieder eine normale Färbung angenommen, auch wenn sowas wie Schifffahrt derzeit noch nicht möglich ist.

ZUSATZREDNERIN. Kann ich nun? *(Wartet kurz.)* Warum wir nicht im Bauch des Wals sind? Ganz einfach, weil wir das, was wir hier jetzt gesehen haben, schon oft erlebt haben. Das gab es immer wieder. Man spricht dann jedes Mal von der Jahrhundertflut und der Jahrhundertdürre, das gehört einfach dazu. Das sind die Medien. Dabei war es eine der Fluten, wie es sie früher schon gab. Denken wir an das Jahr 2002 – nein, denken wir nicht.

REDNER. Warum wir nicht im Bauch des Wals sind? Ganz einfach, weil wir das, was sich hier jetzt gezeigt hat, schon oft erlebt haben. Das gab es immer wieder. Man spricht dann jedes Mal von der Jahrhundertflut oder der Jahrhundertdürre, das gehört einfach dazu. Das sind die Medien. Denken wir nur an das Jahr 2002 –

CO-REDNER/IN. Nein, denken wir lieber nicht.

ZUSATZREDNERIN. Warum wir nicht im Bauch des Wals sein können? Ganz einfach, so eine Bibelstelle hätten wir gar nicht parat. Wer ist uns jetzt mit dem Buch Jona gekommen? *(Schaut in die Runde oder ins Publikum, ahnungslose Gesichter.)* Gut. Wir können das Bild also zurücknehmen, das versteht hier keiner mehr. Wir leben in einer Zeit, in der es um Ingenieurskunst geht, um nichts weiter. Wir haben eben den Sprecher des Bauernverbandes gehört – vielen Dank an seine Adresse –, der uns all die Sorgen der Landwirte mitteilte, aber nichts von einem Innenleben des Wals erzählte, weder Pottwal noch Blauwal, auch die Umweltbehörde wird noch eine Stellungnahme zu den weiter folgenden Regenfällen –

CO-REDNER/IN. Starkregenfällen –

ZUSATZREDNERIN *(leicht genervt)*. Starkregenfällen – verfassen, aber nichts über Fisch-, pardon, Säugetiermägen verlautbaren lassen, in denen wir in Wirklichkeit feststecken könnten. Sie haben sich wie halbwegs vernünftige Menschen über Nitrate unterhalten, die jetzt aus den Böden geschwemmt worden sind, und über die EU-Richtlinie, die Versalzung der Böden und Gewässer, den Nitratkreislauf, den die Öffentlichkeit wieder einmal nicht auf dem Schirm hat, weil alle nur über Unterspülungen, vollgelaufene Keller und Autobahnsperren sich unterhalten.

CO-REDNER/IN. Wir sprechen von hohen Strafzahlungen –

ZUSATZREDNERIN. … Und auch wenn die Vernunft einmal aussetzt, mit dem wird man umgehen müssen. Sehr düster ist es auch nicht mehr, eher zu viel Sonne als zu wenig –

CO-REDNER/IN. Plötzliche Sonne, nach dem plötzlichen Starkregen eine Starksonne.

REDNER *(nimmt ärgerlich auf)*. Warum wir nicht im Bauch des Wals sind? Ganz einfach, wir hatten es nicht vor. Uns passiert sowas nicht.

CO-REDNER/IN. Wir sind eingeübt in Trockenheit. Hier in der Region fehlen 800 l pro qm im Jahr, und jetzt sowas.

REDNER *(ist wirklich verärgert)*. Und dann gibt es auch noch die Technik. Das hier ist ein Technikstandort, schon vergessen? Und jetzt sowas. Also reden wir hier einmal nicht von Tipping Points, von Schwellen, die unumkehrbar überschritten worden sind …

CO-REDNER/IN. Und zack, ist so ein Wal da, zack, bricht die Zeit im Wal aus.

REDNER *(langsam genervt von Co-Redner/in und sie mehr und mehr adressierend, auch wenn er noch nach vorne spricht)*. So stellen Sie sich das vor, mit all dem Wasser rundherum, aber ich glaube, so läuft das nicht. Da können Sie sich gleich zur Bürgerinitiative gesellen, ja, die da drüben, die wissen auch nicht mehr als wir. Auf so eine Ungewissheit können wir auch nicht bauen, sonst landen wir nicht einmal im Bauch des Wals, sondern am Grund des Meeres.

ZUSATZREDNERIN. Nein, es bleibt dabei, das Tier um uns bleibt unausgelebt. Das müssten ja Massen und Kräfte sein, aber noch sind wir die einzige Kraft vor Ort.

REDNER. Und das soll man den Weltverbesserern mal sagen.

CO-REDNER/IN. Wir werden nicht verdaut, wir verdauen.

REDNER. Wir werden nicht verschluckt, wir verschlucken. D. h., wir verschlucken uns nicht.

ZUSATZREDNERIN. Wir befinden uns nicht in einer organischen Materie, die darauf aus ist, uns zu töten, wenn schon, töten wir selbst! *(Hört erschöpft auf.)*

CO-REDNER/IN *(kommt endlich zu Wort)*. Wir würden obendrein in so einem Wal überhaupt nicht Platz haben, das wäre ja ein wirkliches Problem. Sagen wir einmal, der Boden in so einem Wal ist endlich, und der Bodenkampf fände drinnen nochmal ganz anders statt, wie er draußen ohnehin schon stattfindet.

REDNER. Ja, schauen Sie nur, wie in unserem Land über Strohmänner Landbesitz gekauft wird. Also das sind ja keine Bauern, die da die Felder nutzen, auch wenn Bauern sie gekauft haben, wenn Bauern gekauft worden sind, um Felder zu kaufen.

CO-REDNER/IN. Wir sehen Landmaschinen kommen, aber sie sind es nicht, das sind die Chinesen *(Zwischenrufe.)* oder sowas wie Chinesen.

ZUSATZREDNERIN. Wir blicken auf eine scheinbar unendliche Felderwirtschaft, aber es sind nichts als sogenannte Ausgleichsflächen. Ausgleichsflächen für die Zulassung der Mast von zigtausend Schweinen in Hochhäusern.

Denn so läuft das hier. Für mehrstöckige Stallsysteme braucht es Ausgleichsflächen. Und in der Schweinemast wird das Geld gemacht, nicht in der Fläche.

REDNER. Wir sehen eine Landschaft im Schluckauf, weil kein Bauer mehr weiß, worauf er sich einstellen muss. Alle fünf Jahre kommen neue Richtlinien von der EU. *(Alle warten.)*

ZUSATZREDNERIN *(setzt plötzlich wieder ein)*. Okay, okay, wir sind im Bauch des Wals, zugegeben, und haben jetzt Frischwasserverantwortung, doch die können wir nicht alleine übernehmen, da muss noch jemand anderer ran – ich spreche nicht von Gott, wie Sie sich das vorstellen, nein. Ich meine, im Norden von uns steht eine Fünf-Millionen-Stadt, die trinkt uns all das Wasser weg. Die könnten sich doch auch mal an der Ostsee bedienen, es gibt doch Entsalzungsanlagen, Wasseraufbereitung. – Gut, die fressen Strom, aber es gibt noch andere Optionen.

REDNER. Wir sind im Bauch des Wals, zugegeben, damit müssen wir jetzt klarkommen. Aber: »Geht los und warnt Ninive!«, das ist doch die reinste Verarschung – entschuldigen Sie das derbe Wort. – Ninive, das gibt es nicht mehr, das ist total fiktiv, oder soll es etwa Berlin sein oder Brüssel? Es ist ja immer Berlin oder Brüssel! »Geht los und warnt Ninive!«, das ist sowas von gestern, da hat jemand etwas nicht richtig verstanden, solche Sprüche sind zum Kotzen – entschuldigen Sie das derbe Wort –, weil sie so tun, als gäbe es einen klaren Auftrag. Aber den gibt es nicht. Was heißt »losgehen«, was heißt »warnen« jetzt einmal konkret? Ist das nicht kryptisch, vor allem, wenn man sowieso festsitzt.

ZUSATZREDNERIN. Und wissen wir, was da draußen los ist. Da draußen herrscht vermutlich ein Unwetter.

REDNER *und* CO-REDNER/IN *zusammen*. Nein, das wissen wir nicht.

Jona

Auftritt der Bürger:innen mit den bereits abfallenden Ohren, vielleicht sitzen sie auch im Publikum, nein, tun sie nicht, denn im Publikum sitzen ja die Expert:innen, dort sitzen die Schlaumeier, die uns alles erzählen werden, da sind die mit dem ausreichenden Wissensstand.

BÜRGERIN *(zu Publikum). Sie* sind ja die Wissenschaftler. Sagen *Sie* uns doch, was los ist! *Sie* sind doch die, die uns jetzt was erzählen. Wir verstehen es ja nicht. Wir verstehen es ja immer wieder nicht. Sie sind die Statistiker, die erklären, was auf uns zukommt, die Herren und Damen mit den Zahlen. Sie sind die mit dem Plan. Wir die Planlosen. Die einen Pegelstand nicht verstehen können. Denen man alles erklären muss. In einfachen Worten. Wir sind im Grunde Idioten, die alles nochmal erklärt haben wollen. Sie sind die mit dem Wissensvorsprung, d. h. Ihr Wissen ist bei uns stets noch nicht angekommen.

BÜRGER. Wir nehmen alles falsch auf. Sie wissen ja, wenn, dann nur über Social Media. Sagen Sie es bitte als Fun Fact! Vielleicht eine bildgestützte Variante. Lassen Sie es aus anderen Mündern kommen! YouTube-Stars, Influencer, Promis. Aus dem Dschungelcamp. Wir brauchen Botschaftertiere, sonst läuft bei uns gar nichts. Ein bisschen Drama. Schnelle Bilder. Der Klimawandel als Kometenerzählung. Kommen Sie uns nicht mit Zahlen. Zahlen sind anstrengend. Die verstehen wir nicht.

BÜRGERIN. Und sagen Sie uns bitte nicht, wir hätten ein Zeitproblem. Das haben wir schon so oft gehört. Das können wir einfach nicht mehr hören. Seit Jahren geht das so – Und? Ist was passiert? Mit ihrem Zeitproblem können wir nichts anfangen. Zeitprobleme hat unsereins die ganze Zeit. Immer gilt es schnell zu reagieren, und immer ist dann gar nichts passiert. Gar nichts ändert sich.

BÜRGER. *Sie* sind doch die mit dem Wissen, wir sind die mit den Wissenslücken. *Sie* sind die Wissenschaftler. Sie sagen uns, wie es läuft. Aber sagen Sie, gibt es nicht Kollegen, die das ganz anders sehen?

BÜRGERIN. Die paar Idioten aus Washington kennen wir aus Netflix-Serien, die paar Idioten aus Berlin sind uns schon lange bekannt, und die aus Brüssel brauchen wir erst gar nicht kennenlernen. Hat man ja jetzt gesehen, hat man gesehen! Kommunal ist noch was zu holen. Da gibt es noch Menschen, die sich einsetzen.

(Lichtwechsel.)

BÜRGERIN *(zu Bürger)*. Aber jetzt mal im Ernst: Hast du das verstanden?

BÜRGER *(zu Bürgerin)*. Ist das der Infoabend der Dresdner Wasserbetriebe, oder was?

BÜRGERIN. ... Ich habe auch nicht recht zugehört.

BÜRGER. Ist das die Bürgerinformation zur Lage der Klärwerke, oder was?

BÜRGERIN: Ich kann mich auf sowas einfach nicht konzentrieren. Immer wenn von Klimakatastrophe die Rede ist ...

BÜRGER. Ist das der Runde Tisch zum »Guten Leben«? Oder zum Autobahnteilabschnitt?

BÜRGERIN. Du, ich höre da auch nicht hin, ich weiß, das ist blöd, weil, das ist ja schon wichtig. Ich bin ja keine Klimaleugnerin.

BÜRGER *(ruft wieder nach vorne)*. Sehen Sie, das ist unser Problem! Nicht Ihre Unwetterereignisse, von denen Sie sprechen. Das stehende Wetter. Deadstream, was soll das sein? Wir haben hier ganz konkret eine Inventur zu überstehen. Wir haben keine Zeit für Botschaften kommenden Unheils, wir haben das Gegenwärtige abzuarbeiten.

BÜRGERIN. … Ich bin ja gar nicht dagegen. Nein, aber ich sehe einfach nicht, was ich jetzt – also wie mich das jetzt.

BÜRGER. So oft war bereits bei Ihnen die Rede von der Flut, dabei fehlt uns hier ganz konkret das Wasser. Und wir fragen uns ebenso konkret, wie halten wir dieses Geschäft am Leben? Das ist unser Problem, nicht Ihre Autobahnauffahrt, die Sie verhindern wollen. Wir haben kein Geld mehr. Diese Kommune ist pleite. Wie wollen wir irgendetwas noch auf die Beine stellen ohne eine ordentliche Verkehrsanbindung? Wie wollen wir Schulen, Krankenversorgung am Laufen halten, d. h. überhaupt wieder installieren ohne Kontakt zur Außenwelt?

BÜRGERIN *(plötzlich konkret zu Bürger)*. Ich weiß auch, dass das alles katastrophal enden wird, ich kann jetzt nur nicht auf Ihren Gesprächszug aufspringen, mit dem Sie davonrasen in Ihre städtisch-bürgerliche Behaglichkeit. *(Nach vorne.)* Sie retten sich doch auch nur.

BÜRGER *(ignoriert Bürgerin)*. Wir haben hier diese regionale Obstwiese. Und nicht weit von uns ist diese neue Agrargenossenschaft, die …

ALTBÜRGER/IN *(taucht auf, spricht nach vorne)*. Sie erzählen ja von der Flutnacht im letzten Jahr, als ob Sie dabei gewesen wären, dabei sind Sie gar nicht da gewesen. Wir wissen das. Solche wie Sie sind nie bei irgendetwas dabei gewesen. Sie müssen uns nicht erzählen, wie man sich am besten wappnet vor solchen Katastrophen – ja, ja: indem man sie gar nicht erst entstehen lässt. Aber sagen Sie einmal ganz ehrlich: Sind wir für Ihre Klimakatastrophen allein verantwortlich?

BÜRGERIN. Sie denken, hier am Land kann man alles machen. Das ist sowas von der Stadt aus gedacht. Wir sind doch die, wo Ihr Klimaschutz stattzufinden hat – nichts gegen Klimaschutz, aber stellen Sie sich doch selbst mal Windräder vors Haus.

ALTBÜRGER/IN. Ich sage Ihnen mal eines: Wir haben hier keinen praktischen Arzt mehr, uns fehlen Schulen, den Pflegedienst können wir von weiß Gott woher organisieren, und politische Vertreter lassen sich auch nicht mehr blicken. Und dann kommen Sie!

BÜRGER. Ich würde ganz schön still sein so an Ihrer Stelle. Ich würde aufpassen, was ich sage. Schließlich gibt es auch hier Leute, die können ganz schön ungemütlich werden. Die sagen dann: Wir wissen alles über Sie. Wir wissen, wo Sie wohnen. Und mit was Sie die Wahl gewonnen haben. Alles schon erlebt.

BÜRGERIN. Sie können uns nichts mehr erzählen. *(Zu Bürger.)* Wissen Sie, was sein konkretes Problem ist? Er hat seine Behörde nicht im Griff.

BÜRGER. Er hat seine Mehrheiten nicht beisammen.

ALTBÜRGER/IN. Er hat ein Riesenproblem mit seiner Koalition.

BÜRGER. Er hat die Zuständigkeiten nicht klar erfasst. Ihm begegnen jetzt immer mehr Leute, die sagen, das sei nicht ihr Ressort. Kennt man doch. Am Ende machts niemand.

ALTBÜRGER/IN. Das ist nicht zu fassen. Kommt hierher und erzählt uns was von Soforthilfen. Man sollte denen mal die Fresse polieren.

Persönliches Drama

REFERENTIN. Klar bin ich dabei gewesen. Also vor Ort. Und wissen Sie, was mein persönliches Drama in jener Nacht war? Ich war als Entwässerungsbeauftragte der Stadt O. verantwortlich für den ganzen Bezirk mit seinen drei Flüssen. Wir haben ja die L., die Z. und die W. Also war ich in ständigem Kontakt mit der Feuerwehrleitung. Die mussten ja gesagt bekommen, was das jetzt heißt: »Vier Meter Pegelstand«.

Können Sie etwa Pegelstände lesen? Nein, können Sie nicht, aber ich kann das. Na eben. Die Feuerwehr tut sich auch schwer damit, Pegelstände zu interpretieren, deswegen haben die mich geholt. Also wurde ich zur Leitungsrunde gerufen.

Ich habe an alles gedacht. Die Knackpunkte bei den Flüssen, wo das Wasser rausdrücken wird. Ich habe an die Dämme gedacht und an die Verteilung der Sandsäcke. Die ganze Logistik. Es war ja sehr brenzlig, vor allem bei der L. Doch als ich spätabends nach Hause kam, da fiel mir auf, dass ich komplett die W. vergessen hab. Den einen Fluss vor meiner eigenen Haustür habe ich einfach vergessen. Ich habe nur an die beiden anderen gedacht. Immer nur an die L. und an die Z., aber nicht die W. Weiß der Geier, warum ich den einen Fluss nicht auf dem Schirm gehabt habe. Und dann stand ich spätabends zu Hause und habe Panik bekommen, denn dieser eine Fluss war plötzlich vor meinem Wohnzimmerfenster, und da gehört er ganz und gar nicht hin. Ich bin dann raus und sogar noch auf den Damm, da habe ich gemerkt, der bricht gleich. Ich stehe also total benommen da und sehe noch, wie das Wasser schon Erdreich rausschwemmt, also wie das Wasser trübe wird, das ist immer so ein Zeichen, so kurz bevor, also so kurz bevor …

Was sehen Sie mich so an? Das ist mein Drama. Ich komme spätabends nach Hause und denke, die Situation ist in trockenen Tüchern, ja, so sagt man doch, aber dann fließt da plötzlich so ein Fluss quasi durch mein Haus, den ich vergessen habe.

Und jetzt wollen Sie mir erklären …

Bitte?

Nein.

Also mir ist das passiert, und ich weiß nicht, wieso. Ich habe keine Ahnung, es war eben ein Aussetzer, wir leben ja auch in einer Zeit der Aussetzer, warum passiert das nicht auch mir, und wenn Sie jetzt denken, Sie haben was verstanden, wenn Sie hören: 2,5 Meter, 4 Meter, 6 Meter. Dann haben vermutlich Sie Ihren Aussetzer und rennen in Ihren Keller, weil Sie noch was rausholen wollen. Sie öffnen eine Tür, die Sie geschlossen halten sollten. Das ist dann Ihr Drama.

REFERENT. Man erzählt sich durchaus von Menschen, die stecken geblieben sind in ihren Aufzügen nach unten, zur Tiefgarage, in das Souterrain, um noch was rauszuholen, bevor das Wasser kommt.

REFERENTIN. Ja, Menschen, die sich schnell noch nach ihrem Hab und Gut umsehen wollten, die gibt es ja überall. Und dann kommen sie nicht mehr raus. Keller als Todesfallen, Tiefgaragen als Todesfallen, Autos als Todesfallen …

ALTBÜRGER/IN. Wer hätte das gedacht. Auch ich bin in einem Fahrstuhl und möchte eine Heldin sein, doch es klappt nicht. Das Wasser steigt langsam. Dieses Wasser ist still. Es gurgelt nicht einmal.

Referentenebene

REFERENTIN, REFERENT *und* ZUSATZREDNERIN. *(Flüstern im Wechsel.)* Sprich du! – Nein, du erst. – Hör mal, wir haben ausgemacht, dass du beginnst. – Das war so vereinbart in der letzten Sitzung. – Ich habe ja am wenigsten mit den Ereignissen zu tun gehabt. – Du sprichst für euer Referat, nicht ich – Ich bin noch neu. Sowieso. – Also los! – Ich kann nichts sagen. Ich weiß doch gar nicht, wer die Informationen erhalten hat. Überhaupt, wie das ablief. Wenn ich da jetzt Fehler mache …

REFERENT. Also ich bin ja nicht für sein Wording verantwortlich. Ich kann auch nicht jedes Fotoverhalten kontrollieren. Wenn er im falschen Moment Scherze macht. Wir müssen mit dem arbeiten, was wir haben – zu defensiv?

REFERENTIN. Zu defensiv.

REFERENT. Ich kann das mit ihm besprechen, also Vorschläge machen. Ich weiß, ich weiß, das ging jetzt gar nicht, also sowas von gar nicht – zu defensiv?

(Referent nickt.)

REFERENT. Da wurde eine rote Linie überschritten. Aber was soll ich machen, ich koche auch nur mit Wasser, und er versteht es eben auf der anderen Seite, mit den Leuten zu reden. Also er kann mit denen. Das kann ja nicht jeder. Und wir haben derzeit nur ihn. Also in vielen Fällen macht er es gut. Also wer mag überhaupt noch so einen Job machen, wenn man alles nur falsch machen kann. Wo klar ist, da wird nur noch geköpft *(Referentin wird nervös, macht Zeichen.)*, also für jede schlechte Nachricht wird man geköpft. Man wird also da geköpft.

REFERENTIN *(löst ab)*. Wir kochen auch nur mit Wasser, das müssen wir uns immer klarmachen. *(Deutet auf das Publikum.)* Sie sagen, wir machten nichts. Aber das stimmt nicht. Sie sagen, wir seien eine Wand, aber auch das ist nicht ganz richtig. Also gar nicht richtig. Wir reden nur und handelten nicht. Dabei handeln wir andauernd, also wir sind ganz schön aktiv, nur man sieht es nicht, also das lässt sich nicht so leicht vermitteln.

REFERENT *(zieht sie weg, der in Folge sprechen sie zueinander)*. Nein, so wird das nichts. Das klappt nicht, das verstehen die nicht. Da weiß ich doch schon vorher, dass es nach hinten losgeht. Mit so einer Botschaft erreichst du keinen.

REFERENTIN. Du hast recht. Es fehlt uns an Glaubwürdigkeit.

REFERENT. Na ja.

REFERENTIN. Das ist es eben. Wenn wir so von vorne kommen, erleben wir nur Gegenwind.

REFERENT. Außerdem sind wir zu leise. Wenn uns die verdammte Technik nicht lauter stellt, wird das nie etwas. Ist ja nur ein Flüstern, das zu hören ist. Wir kriegen keine Lautstärke zusammen.

REFERENTIN *(weist auf die andere Bühnenseite).* Sollen die da drüben das doch machen, die haben eine ganz andere Personaldecke. Schon wie unsere Institution aufgestellt ist, uns fehlen einfach die Leute.

REFERENT. Ja, wir sind völlig unterbesetzt. Immer diese Politik mit Augenmaß. Als ob das noch ginge. *(Winkt Zusatzrednerin von der anderen Bühnenseite hinzu.)*

ZUSATZREDNERIN. Streng genommen sind wir für diese Wasserproblematik an dieser Stelle gar nicht zuständig … *(Geht wieder ab.)*

ZWISCHENRUFER/IN. Und schon wieder ist ein Jahr vergangen.

REFERENT. Wie?

REFERENTIN. Der/die hat recht. Uns läuft die Zeit davon. Aber auch in anderen Bereichen …

REFERENT. Sicher, man kann es nur als ein Problem unter anderen behandeln, es sollte aber eigentlich ganz vorne stehen …

REFERENTIN. Man muss das doch von der Organisation her denken.

REFERENTIN. Die werden uns gar nicht zuhören, das ist der Fakt. Das ist ne Lobby.

REFERENT. Die werden nur stur sagen, wir machten es uns zu einfach.

REFERENTIN. Und. Sie können uns nichts erzählen.

REFERENT. Solche wie Sie! Kommen hier an und wollen uns was erzählen!

REFERENTIN. Wir wüssten nicht, wer in dieser Region für Stabilität sorgt. Ich kenne doch die ganzen Sprüche.

ZWISCHENRUFER/IN. Und schon wieder ist ein Jahr vergangen.

REFERENTIN. Richtig. Das bestreitet ja keiner. Die Dinge müssen eben gut überlegt sein, auch der rechtliche Rahmen. Sonst geht das alles nach hinten los. Man geht ja nicht zum ersten Mal in diese Organisation. Aber es wäre der richtige Hebel. Der richtige Ort. Der richtige Zeitpunkt.

REFERENT. Sollte man nicht zuerst nach Allianzen suchen?

ZWISCHENRUFER/IN. Und schon wieder ist ein Jahr vergangen.

REFERENTIN. Wir sind doch gar nicht Ihre Feinde. Wir sind da nun wirklich die falschen Gegner. Zu denen drüben müssten Sie sehen.

REFERENT. Niemand sagt, dass Sie für den CO_2-Abdruck des ganzen Landes verantwortlich seien … Sie sorgen für Ernährungssicherheit, das ist klar … Ohne Sie gibt es hier gar nichts, ja!

ZWISCHENRUFER/IN. Und schon wieder ist ein Jahr vergangen.

REFERENT *(zu Zwischenrufer/in)*. Mensch, nun hören Sie mal auf!

REFERENTIN. Es reicht jetzt!

ZWISCHENRUFER/IN. Und schon wieder ein Jahr!

REFERENT. Seien Sie endlich still!

REFERENTIN. Haben Sie es noch immer nicht kapiert? *(Erneuter Auftritt von Zusatzrednerin als Amts- und Würdenleiterin.)* … Ah, da ist sie ja.

ZUSATZREDNERIN *(nach vorne)*. Bin ich zu hören? Bin ich schon auf Leitung? Gut, ja, dann kann ich also loslegen. Hören Sie mich? Nein. Kann die Technik mich etwas lauter machen? Noch etwas, bitte? So bin ich ja kaum zu hören. Ja, so ist gut. So höre ich mich zumindest selbst. Also, wir sind hier sehr dankbar für Ihre Initiativen. Überwältigt von Ihrer Hilfsbereitschaft und wollen hier erst einmal ein großes Dankeschön loswerden.

ZWISCHENRUFER/IN *(undeutlich)*. Greenwashing!

ZUSATZREDNERIN *(tut so, als wäre das ein positiver Zuruf)*. Danke, danke! Wir wissen derzeit noch nicht, wie wir Ihr Angebot umsetzen können, wir können hier ja nicht wie wild losagieren, wir müssen da etwas Systematik reinkriegen. Außerdem steht es noch nicht fest, welche Direktiven wir vom Bund bekommen. Auch die EU hat da ein Wörtchen mitzureden.

ZWISCHENRUFER/IN *(undeutlich)*. Stimmt nicht!

ZUSATZREDNERIN. Haben Sie mich verstanden? Das ist nicht meine Entscheidung. Bitte? Ich habe Ihre Frage nicht ganz verstanden. Aber ich kann versichern, wir sind in voller Fahrt. Wir sehen zuversichtlich nach vorn, dass wir das auch geregelt bekommen. Und ja, kommen wir jetzt zu Ihrer Kritik: Viele wollen jetzt was gewusst haben, was vorher einfach nicht abzusehen war. Das läuft doch immer so. Und natürlich hätte man mehr wissen können. Das sagt sich nur so leicht, wenn man nicht ins Geschehen verwickelt war.

ZWISCHENRUFER/IN. Das ist ja das Problem!

ZUSATZREDNERIN. Haben Sie mich verstanden? Das ist nicht meine Entscheidung!

(Geht ab.)

REFERENT *(zaghaft).* War doch vorauszusehen.

ZUSATZREDNERIN. Die Taliban erobern Kundus, das war vorauszusehen. Die Ereignisse an der belarussischen Grenze, die waren vorauszusehen, in der Ukraine ... nein, ich gebe zu, war nicht vorauszusehen –, aber das? Mir kann keiner sagen, er habe es gewusst. Wir waren ja alle überrascht. Selbst Wissenschaftler, die sich seit Jahren damit beschäftigen, sind jetzt andauernd überrascht von ihren neuen Daten. Von der Geschwindigkeit, mit der alles eintritt. Das antarktische Eisschelf, das abbricht, die Geschwindigkeit der Eisschmelze. Anstieg des Meeresspiegels. Und da kommen Sie und sagen »Ninive«. *(Sie geht nach vorne an die Rampe.)*

REFERENTIN. Ja, das Wasser war einfach nicht vorauszusehen. Niemand hat damit gerechnet. Noch nie hat es das in einem Ausmaß gegeben, dass eine Wasserwalze acht Meter hoch durch die Täler rauscht. Die ja keine Täler sind, streng genommen. Nur leichte Senken. Das kommt noch hinzu.

REFERENT. Du brauchst nicht so zu brüllen, die hören dich auch so.

REFERENTIN. Ich brülle nicht.

REFERENT. War jedenfalls vorauszusehen, dass nichts davon in den Boden geht.

ZUSATZREDNERIN *(noch immer vorne, zu Publikum). Sie* sind doch der Herr der Zahlen, dann sagen Sie mir doch, wie es jetzt weitergehen soll! *(Wartet, lauscht, geht wieder zurück, zu den anderen.)* Sehen Sie.

REFERENTIN *(ignoriert sie)*. Wir können die Zeit auch nicht zurückdrehen.

REFERENT *(zu Referentin)*. Du bist immer noch sehr laut.

ZUSATZREDNERIN *(macht weiter)*. *Sie* haben doch die Prognosen.

REFERENTIN *(unbeirrt)*. Wir haben alles gemacht, was wir für notwendig befunden haben.

REFERENT *(zu Referentin)*. Bitte, es ist nicht nötig, dass du mich anschreist.

REFERENTIN. Ich schreie dich nicht an! Aber weißt du was: Ich bin ja die am Ende, die dann fertiggemacht wird …

REFERENT. Das glaubst du, es ist ja *meine* Telefonnummer, die da auf der Website steht, da hat irgendein Idiot von der PR ohne Nachdenken meine Telefonnummer auf die Website gepackt, und jetzt ist sie in der Welt, und alle rufen *mich* an.

REFERENTIN. Es sind Leute umgekommen.

REFERENT. Natürlich, das ist mir bekannt. Aber alle rufen *mich* an (und nicht dich).
(Wartet kurz.)

Das persönliche Drama, Teil 2

REFERENT. Das ist mein persönliches Drama: Sie sind froh, mich erreicht zu haben, aber ich bin nicht der Richtige. Also egal was, egal wer, irgendein Fuzzi, der Fragen zum Borkenkäfer hat, irgendeine Tante, die sich über die Politik des Ministeriums beschweren möchte, ein Wesen, das etwas gegen Gartenregulierungen hat, wählt diese Nummer, und denkt, meine Aufgabe wäre es, mit ihm oder ihr zu reden. Umweltmenschen, die eine Initiative in Gang bringen wollen. Beschwerdeführer/innen aller Coleur. Ich sage denen gleich, also wir sind für Sie nicht zuständig, aber glaubt ihr, die nehmen das zur Kenntnis? Und was mache ich? Ich erzähle denen was, dass es meine Aufgabe wäre, für den Minister oder für unser Amt Studien durchzugehen. Also mir Studien anzusehen und auszuwerten, ist an denen was dran oder nicht, und dann ist es gut. Das ist mein Job, nicht der Publikumsverkehr. »Also wir sind nicht für Sie zuständig, tut mir leid.« Und dann fragen die immer nach einer anderen Telefonnummer. Und da beginnt schon das Problem: Es gibt keine andere Telefonnummer. Es gibt für deren Fragen einfach keine Telefonnummer, bei der man anrufen kann. Ich kann ihnen keine Telefonnummer geben, und deren Fragen kann ich auch nicht beantworten. Also erfinde ich Telefonnummern, ich bin da sehr kreativ. Manchmal. Manchmal hole ich mir auch nur deren Antworten ab, also ich hole mir Antworten ab, wie: Bei der nächsten Wahl soll ich mich frisch machen. Oder: Warten Sie es ab, bald geht es Ihnen an den Kragen. Wir wissen, wo du wohnst. Nein, das sagen sie nicht, das hat mir jemand geschrieben.

(Zur Referentin, als hätte die was gesagt.) Wenn es nur das wäre. Wenn es nur Insektenfragen, Baumschnittfragen, Wasserstandfragen und der Borkenkäfer wären.

(Hält inne, blickt auf die Uhr. Und dann, als würde man zu einem Refrain zurückkehren.)

REFERENT. Sie sagen, sie hätten das Handyvideo gesehen.

REFERENTIN. Oh Gott, das Handyvideo, nicht schon wieder!

ZUSATZREDNERIN. Das mit den Wölfen?

REFERENTIN. Nein, das mit dem Wasser.

ZUSATZREDNERIN. Das mit dem Munitionsfund in der Ostsee?

REFERENTIN. Nein, mit dem Wasser.

ZUSATZREDNERIN. Das mit der einstürzenden Brücke, mit den verendenden Tieren? Das mit den Waldbränden? Mit den Versteppungen? Das mit der extremen Trockenheit?

REFERENTIN. Mit dem Wasser!

REFERENT. Also im Haus. Z. B. Plötzlich kam das Wasser von unten. Drückte hoch. Dabei hatte es gar nicht geregnet. Auch so ein Mythos, mit dem wir umgehen müssen. Draußen auf dem Feld Dürre, aber im Haus drückt das Wasser von unten.

REFERENTIN. Plötzlich stürzt aus dem Nichts eine Brücke ein.

CO-REDNER/IN *(kommt dazu)*. Leute, wir müssen weiterkommen. Wir alle haben die Bilder gesehen und wissen, wir wollen sowas nicht, also sowas wollen wir nicht. Wir wollen solche Bilder nicht mehr produzieren.

REFERENT. Sie sagen, sie hätten das Handyvideo gesehen, das mit dem Wasser und das ohne Wasser, und sie bringen beide nicht zusammen.

REFERENTIN. Jetzt musst du lauter werden, sonst wird das nichts. Du musst außerdem die Sprache wechseln.

REFERENT. Auch das Tiefbauamt reagiert nicht.

CO-REDNER/IN. Ihr wisst genau, das Tiefbauamt ist auf diese Fragen nicht eingestellt.

REFERENTIN. Ich erinnere mich, auch die »Woche des guten Lebens« wurde von dem Stadtrat beschlossen, und das Tiefbauamt reagierte nicht.

ZUSATZREDNERIN. Ich bitte dich: Das Tiefbauamt ist berühmt fürs Nichtreagieren.

REFERENT. Das glaube ich nicht. Alle Behörden reagieren. Behörden müssen reagieren!

REFERENTIN. Die sehen die Stadt nur als befahrenes Gebiet mit Verkehrsteilnehmern. Die Stadt ist Verkehrsteilnehmergemeinschaft und nichts anderes. Einen Verkehrsstopp, d. h. einen Verkehrsaussetzer können die gar nicht verstehen.

ZUSATZREDNERIN. Da sind wir voll ausgebremst worden.

REFERENT. Wie?

REFERENTIN. Lass sie reden und reden, und dann, wenn es um entscheidende Sachen geht, sagen die, der Wirtschaftsplan kann nicht genehmigt werden. Oder sie finden einen Formfehler.

REFERENT. Aber Formfehler meldet man doch eigentlich vorher an. Also vor der Sitzung.

REFERENTIN. Nicht das Tiefbauamt.

CO-REDNER/IN. »Sie können nicht einfach wild Mails verschicken!« *(Geht ab, Zusatzrednerin folgt.)*

REFERENTIN. Tsss ... Das reinste Ressortdenken ... *(Rückkehr zum Refrain.)*

REFERENTIN. Aber: Habt ihr das Handyvideo gesehen?

REFERENT. Das mit dem Wasser?

REFERENTIN. Nein, das mit dem Wald, aus dem nichts mehr kommt.

REFERENT. Was soll denn aus Wäldern schon kommen?

REFERENTIN. Na, es kommt nichts mehr heraus. Wal. Nicht Wald.

REFERENT. Aus dem Wal … aus dem Wal ist kein Entkommen!

REFERENTIN. Niemand stellt hier die richtigen Fragen: Was ist, wenn man von einem Tier verschluckt worden ist und es nicht merkt? Was ist, wenn wir tatsächlich von einem sehr großen Tier verschluckt worden sind, dessen Ausmaße wir noch nicht verstehen? Stattdessen hält der Glyphosatstreit an, der Nitratstreit. Wir kämpfen um kleinste Zentimeter im CO_2-Handel. Der Streit um den Wasserstoff. Der Wasserstoffgedanke hört nicht auf, in die falsche Richtung zu laufen. Die Kernkraftdiskussion, auch nur die falsche Richtung. Nur der Fluss nicht, der fließt immer nur in die eine Richtung. Könnte er umdrehen, könnte das Wasser mal bergauf fließen, dann kämen wir hier raus.

(Lichtwechsel.)

Theater

MODERATOR. Ja, nichts als Ressortdenken … und eine Personalvollversammlung.

ANSAGERIN. Seit Kurzem ist das Theater Basisdemokratie …

MODERATOR. Z. B. in der AG-Sitzung.

BÜRGERIN. Z. B. in der Steuerungskommission.

ANSAGERIN. In der Vollversammlung der Walbewohner.

MODERATOR. Und da sitzen sie dann. Nichts als Mitglieder. Da ist das Kopfschmerzmitglied, das Mitglied »Ich muss mal kurz vor die Tür«, das Mitglied, das gerade eben einen wichtigen Anruf bekommt, das Mitglied, das sich aus dieser Fragestellung gerne heraushalten möchte, aber vielleicht doch etwas sagen kann. »Nämlich« – Das Mitglied, das schon so lange wartet, dass man ihm das Wort erteilt, das Mitglied, das zuerst die Hand gehoben hat, aber sich jetzt nicht vordrängeln will, das Mitglied, das nicht beabsichtigt, jemanden zu unterbrechen, aber jetzt doch findet, dass man über diese Sache ganz anders sprechen müsste. »Genau!« Das Mitglied, das das Prozedere mal grundsätzlich in Frage stellt. »Wer hat hier überhaupt die Tagesordnung gemacht?«, das Mitglied, das findet, dass man grundsätzlich mal wertschätzend sprechen sollte, »Was ist hier mit uns geschehen in den letzten Wochen?« Da sei man schon mal woanders gewesen. Das Mitglied, das sagt: »Ich denke, Sie haben jetzt genügend Raum bekommen, Ihre Sicht der Dinge darzustellen«, und jemand flüstert »hoppla«, ein Satz, der direkt neben »Es sind uns gewissermaßen die Hände gebunden« fällt. Das Mitglied, das so einen Tonfall wirklich problematisch findet. Man sei ja nicht hier, um sich gegenseitig zu belehren. Das Mitglied, das seinen Austritt lange nicht bekannt geben wollte, aber es dennoch jetzt tut, weil sich hier nichts mehr bewegt. Das die Zeitproblematik viel zu spät aufgreifende Mitglied, »Jetzt muss mal langsam etwas geschehen.«, wenn die meisten schon nicht mehr können. Deplatziert nachhakendes Mitglied. Jetzt sind aber wirklich alle erschöpft.

BÜRGERIN. Wie? Das funktioniert nicht? Hm, ich fürchte, dann bleibt uns nichts anderes übrig. Ich fürchte, dann müssen wir ganz unpopulär werden, jetzt müssen wir in diesem Wal ein paar äußert unpopuläre Entscheidungen treffen, denn uns bleibt nur ein enger Zeitkorridor. Wir müssen zu einer Art Kurzzeitchina werden, das allerdings gleich wieder aufhört, haben wir die wichtigsten Maßnahmen umgesetzt. Nach der Rettung des Klimas gibt es dann kein Kurzzeitchina mehr, nach der Stabilisierung der Werte, kein Kurzzeitchina, Schluss mit Kurzzeitchina, aber vorher muss es her, natürlich moderater, aber was soll man machen, wenn die Leute nicht parieren. In der Pandemie, stimmt's oder habe ich recht, hatten wir auch eine Art Kurzzeitchina, wenn auch fadenscheiniger, wenn auch nicht mit der vollen Wucht, schließlich wurden da auch nur so Dinge beschlossen, und jetzt steht es eben wieder an.

REFERENTIN. Das ist doch reine Angstmache!

REFERENT. Das ist doch Unsinn, es geht doch nur um ein paar Firmen, ein paar regulatorische Maßnahmen, die nicht und nicht geschehen!

(Er hält kurz inne und kommt auf sein altes Thema zurück.)

REFERENT. Noch einmal, sein Wording stammt nicht von mir. Wir hatten uns auf etwas anderes geeinigt, aber er kann das letztlich immer selbst entscheiden, wie er das ausdrücken möchte.

REFERENTIN. Was siehst du mich an, ich bin weisungsgebunden. *(Lacht.)*

REFERENT. Trotzdem, du bist dran.

BÜRGERIN. Er hat einfach Angst vor seinen Wählern. Ist ja nicht so, dass alle den sofortigen Ausstieg aus der Kohle wollen.

REFERENT. Stopp – Du bist dran!

REFERENTIN *(setzt an zu singen).*

Wenn sich der Himmel braun vor CO_2 färbt,
würden wir etwas ändern, klar.
Wenn alle Pflanzen grau sich färbten,
würden wir etwas ändern, ja.
Wenn alle Flüsse stehen bleiben würden,
wäre längst etwas geschehen, sowieso.
Wenn alle Geräusche sich verziehen,
wären wir längst los – gezogen,
und doch ist das schon so, ist das schon so.
(Und, nachgesetzt, in anderem Tonfall.) Hast du das Handyvideo gesehen?

Zweites Bild: Überfluss (Ninive)

Im Bauch des Wals

Pressekonferenz-Ende. Eine Figur ist übrig geblieben, die offensichtlich Beraterin war. Steht am Rand und blickt ängstlich aufs Publikum. Es ist etwas geschehen.

CEO *(Redner)*. Ich sage mal, wir müssen erstmal sehen, wie wir hier rauskommen. Wir können jetzt noch nicht an Ninive denken, ein Schritt nach dem anderen, okay? Wir sind eine einfache Beratungsfirma, die nicht an Ninive denken kann. Wir befassen uns mit *(Hier etwas schneller.) lean management, content values* und innovativen *workflows. (Wieder normale Geschwindigkeit.)* Und Sie sind doch auch nur ein Zusammenschluss von Bürgerinitiativen aus der Gegend, die nicht an Ninive denken können, jetzt mal ehrlich. Das machen nur die Großen, wenn überhaupt. Die *big five*. Hier geht es Ihnen doch um das kommunale Überleben. Für uns heißt es insofern: nirgends Ninive, aber überall Versalzungsprobleme. Ausgefallene Ernten, verbackene Böden und kein Ninive, sondern fehllaufendes Management.
Wie hat alles angefangen? Wir wurden losgeschickt – nein, wir, also unser Unternehmen – wir saßen unter diesem Baum, und plötzlich ist er verdorrt – nein, stimmt nicht, da kommt laut Businessplan erst etwas anderes. Wir kamen vom Weg ab – warum sage ich immer noch »wir«, obwohl ich weiß, ich bin allein, seit ich aus dem Wal wieder draußen bin, ja, ich bin da in Wirklich-

keit längst draußen, und, nichts mehr übrig von meinem Team, mit dem ich zur Schulung aufbrach. Das war ja so verabredet, also ich soll diesen Standort hier übernehmen. Aber von wegen hochauflösliche Landschaft! Von wegen Landwirtschaft *high tech*, mit flexiblen Daten gestützte Landschaft, satellitengesteuert! Diese Landschaft, das kann ich Ihnen versichern, ist nicht gesteuert. Also ich saß unter diesem Baum, und dann ist er tatsächlich einfach verdorrt, und da war ich schon sauer, also so richtig sauer, weil wir ja unser Saatgutprogramm haben – halt, nein, das kommt ja noch, das ist ja Zukunftsmusik, ich und der Baum. Ich und der verdorrende Baum. Ich in der Wüste, Gott verfluchend, den ich nicht kenne, aber trotzdem verfluche. Oder so. Ich in der Minus-800-Liter-Landschaft. Das ist die Gegenwart. Die Zukunft hält weitaus mehr Wassereinbußen für uns parat. Als hätte der Baum und die Landschaft derzeit etwas mit mir zu tun. Haben sie aber noch nicht, zumindest nicht direkt, nur über unser Saatgutprogramm besteht ein sehr indirekter Kontakt. Wird halt heiß. Wird halt trocken. Und ich werde dann auch mit niemandem sprechen, schon gar nicht mit Gott, wie jetzt alle denken.
Zuerst aber werde ich woanders sein. Muss ja mein Geld verdienen. Gut. Ninive, wieso auch nicht? Man verfolgt eben seine Spur. Eine Stadt ist so gut wie die andere. Und dann, Häuschen am Stadtrand, Kinder, Kredite. Immer muss man irgendetwas finanzieren. Kennen Sie, nicht? Kostet ja alles. Und der Boden ist eine endliche Ressource, also findet der Preiskampf statt. Die Immobilienpreise gehen jetzt schon durch die Decke. Aber ich werde dann sagen, bald verdorrt nichts mehr, wir machen un-

sere neuen Pflanzensorten, wir brauchen keinen Gott mehr, denn wir haben wasserunabhängige Pflanzensorten, die unser Unternehmen vermittelt. Die Saatgutfirma, mit der wir arbeiten, hat es bald heraußen. Lassen Sie also das mit dem Eintüten der Zukunft, Sie Bürgerinitiative, Sie, Sie Kommune, hören Sie auf mit Ihrem Sparprogramm: »Nicht das Geringste genießen, nicht auf die Weide gehen, sondern in Sack und Asche hüllen – Ninive«. So stellen Sie sich die Maßnahmen vor, als ob das die Chinesen interessiert. Was sage ich? Nein, wir sind da schneller und kommen mit unseren Pflanzensorten auf den Markt, und dann werden Sie schon sehen. Mir ist heiß. Die Sonne knallt ja ganz schön. Hallo? Ist da jemand? Hallo?

(Plötzlich taucht eine andere Frau auf, die über die Bühne joggt, stresst, werkelt. Vielleicht mit Buggy vornedran.)

BÜRGERIN. Entschuldigen Sie, ich kann mich nicht recht konzentrieren, auf das, was Sie da … Ich habe anderes zu tun. Ich weiß nicht, was Sie da genau …, aber zum Klimawandel komme ich, wenn die Kinder groß sind. Zum Artensterben komme ich, wenn die Kinder groß sind und der Hund tot – nein, das ist ein schlechter Scherz. Lassen Sie mich durch, ich bin Mutter! Lassen Sie mich durch, ich habe hier eine geschäftsführende Verantwortung! Für ein Unternehmen in einer Größenordnung, die Sie nicht einordnen können. Sie haben ja keine Ahnung, wie es hier läuft. Ninive nennen Sie es. Ich nenne es einfach Verantwortung für die Sachen, die man bestimmen kann, und Gelassenheit bei denen, die man nicht bestimmen kann. Leider. Aber tut mir leid, das hier ist für Sie ja doch das falsche Format. Richten Sie Ihre

Anfrage an den »Runden Tisch«. Der wurde doch vom Bürgermeisteramt eingerichtet, oder? Wir haben anderes zu tun, ja! *(Haut ab.)*

Kreditinstitut

Auftritt Kreditberater und Einheizer, stellt zwei Stühle und einen Tisch auf die Bühne, als befände man sich in einer Beratungssituation. Danach holt er die Frau mit Zukunft auf die Bühne, die ihm optimistisch folgt.

KREDITBERATER *und* EINHEIZER *zur* FRAU MIT ZUKUNFT. Kommen wir nun zu Ihnen … Sie sind ja neu hier … Sie müssen sich erst einrichten … verständlich … Wo ist oben, wo unten, oder? … Sie haben schon fixe Pläne, wie Sie sich hier einrichten? … *(Zum Publikum.)* Sie ist die frisch Zugezogene, sie kennt das hier alles nicht. *(Lacht.)*

FRAU MIT ZUKUNFT. Na, hören Sie mal, ich bin die Frau mit Zukunft und schon eine ganze Weile hier.

KREDITBERATER *und* EINHEIZER. Na, dann legen Sie mal los, »Frau mit Zukunft«! Was haben Sie so vor in unserer Stadt. *(Bietet ihr den Stuhl an.)*

FRAU MIT ZUKUNFT *(bleibt stehen).* Wie ich schon sagte …

EINHEIZER *(setzt sich hin, Papiere ordnend).* Sehen Sie in mir einen einfachen Finanzberater. Geben Sie mir alles rüber: Eigenkapitalauskünfte, Rentenbescheide, feste Werte, Immobilienbesitz, Einkommen und Gütertrennung, ach, und ja, die Krediterwartung, Risikolebensversicherung …

FRAU MIT ZUKUNFT *(setzt sich eifrig, Morgenluft witternd)*. Gerne. Also in einem Jahr möchte ich hier schon einen Fuß auf dem Boden haben. Also uns installiert haben, die Kredite fürs Haus, auch die Versicherungen stehen … In zwei Jahren gehe ich davon aus, dass die Dinge so mehr oder weniger laufen. Alle Adressen bekannt, alle Ansprechpartner zu organisieren, alle Wege im Kopf. Ich muss mich nicht mehr um Telefonnummern kümmern, der Job ist sicher. Es läuft.
In zwei Jahren möchte ich angekommen sein, wie es so schön heißt, so richtig da. Verwurzelt. Die ganze Familie. Die Stadt stellt längst keine Fragen der vier Himmelsrichtungen mehr an uns, sondern nur die des richtigen sozialen Umfelds. Die Kinder habe verbindliche Freunde, vielleicht sogar schon sowas wie erste Liebesgeschichten, in die sie sich hineinbegeben können, weil sie sich sicher fühlen. Wirklich zu Hause. Auch der Rasen im Garten weist keine Löcher mehr auf, dichter Bewuchs, wohin man blickt, das macht unser neues Rasenprogramm – Rollrasen und Spielrasen, Schattenrasen und englischer Luxusrasen. Trittfest und sattgrün in vier bis fünf Wochen. Der Starkregen wird kein Problem für ihn darstellen. Grundwasser drückt auch nicht hoch. Wir können durchatmen.
Auch in drei Jahren können wir durchatmen. Die Luft soll ja auch zum Atmen sein, die Temperaturen zum Aushalten, d. h. kein Schwindelgefühl abends nach einem Nachmittag im Freien, keine Schwierigkeiten morgens, aus dem Bett zu kommen, und die Streitigkeiten mit der Nachbarschaft werden sich auch eingestellt haben wegen des Mülls, der sich unweigerlich als Problem

herausstellt. Auch die Nachrichten von den Waldbränden sollen aufgehört haben.

KREDITBERATER *und* **EINHEIZER.** Schneller, wir haben hier nicht ewig Zeit … ich habe um 12.00 noch einen anderen Kunden …

FRAU MIT ZUKUNFT. Auch in fünf Jahren soll es gepflanzte Bäume geben und in sechs Jahren auch – die weiterwachsen, das müssen sie auch können, und die Vögel sollen irgendwie zurückgekommen sein, die jetzt nach und nach ausbleiben und bereits ausgeblieben sind, so genau wissen wir das nicht. Meine Arbeit soll mir immer noch Spaß machen, keine Probleme unter der Kollegenschaft, also niemand fühlt sich auf den Schlips getreten, wenn gewisse Maßnahmen unausweichlich werden. Von den Feldern her soll kein komischer Geruch kommen, den wir anfangs nicht zuordnen können und dann aber akzeptieren werden. Schließlich kommen die Gefahren nicht wirklich an uns heran, die sind eher drüben, im Osten der Stadt.

KREDITBERATER. Ja, wissen wir …

FRAU MIT ZUKUNFT. In sieben, acht Jahren werden die älteren Kinder dann dem Ende ihrer Schullaufbahn entgegengehen, und keiner von uns wird dabei husten. Sie werden gesund geblieben sein, wir werden gesund geblieben sein, wir werden hinausfahren können und vielleicht sowas wie Landschaft vorfinden. D. h. Platz dafür zwischen all den Neubaugebieten. Die Gegend wird ja beliebt sein. Und in ihr auch noch Käfer, d. h. Insekten, die nicht auf irgendwelchen Listen stehen. Die Wetterlagen sollen dennoch Geschäftsabschlüsse zulassen …

EINHEIZER. Sagten Sie schon, wir sind eigentlich schon weiter …

FRAU MIT ZUKUNFT. Die Wetterlagen sollen dennoch Geschäftsabschlüsse zulassen. Ja, ich möchte in neun Jahren nicht mehr andauernd über Geld nachdenken müssen. Auch wünsche ich mir, dass die Kinder dann nicht mehr so viel streiten wie heute. Der Gedanke ans Millionärsdasein, das einen absichert, wird sie nicht mehr länger verfolgen. Es wird ohnehin nicht mehr alles eine Frage des Geldes sein. Auch die endlosen Diskussionen über Fortnite werden sich erübrigt haben, sie gehen ja dem Ende ihrer Schullaufbahn entgegen. Ach, das sagte ich schon. Keiner wird dabei jedenfalls husten. Es wird berufliche Zweige geben, in die man einsteigen kann, und gerne gehe ich davon aus, dass die Nahrungssicherheit dann noch gegeben ist, zumindest in unseren Breitengraden. Auch in denen der anderen werden sich Dürreperioden hoffentlich wieder verkürzen. Man denkt ja auch an die anderen …

EINHEIZER. Das geht mir zu langsam. Dafür gibt es keinen Kredit. So ein Szenario ist mir zu ungenau.

FRAU MIT ZUKUNFT. Puh. *(Steht auf und beginnt, als wollte sie deklamieren.)* Ich selbst möchte auch in zehn Jahren noch sowas wie ein reguläres Erwerbsleben haben und gute Kontakte zu Kollegen. Es soll sich sinnvoll anfühlen, was ich mache, und der Eindruck, dass man die gleiche Sprache spricht, vorherrschen. Auch andere sollen das haben, sowas wie einen beruflichen Alltag, es geht mir ja auch um andere, also andere, sagte ich ja schon. Also nach der Gesundheit wird man immer noch alleine aus Höflichkeit fragen und nicht aus Ängstlichkeit. *(Ein-*

heizer steht ebenfalls auf.) Nicht zu viele Menschen sollen in fünfzehn Jahren zum Umzug gezwungen werden, aber ich greife da vor. Schließlich wollen die meisten noch in der Stadt bleiben können, wo bitte schön die Verkehrswende endlich eingetreten sein soll. Und gerade deswegen wird auch dann niemand vom Meeresspiegel sprechen, der Meeresspiegel hat draußen zu bleiben aus dem Stadtdiskurs. Da draußen, meinetwegen, gibt es einen Meeresspiegel, aber nicht hier. Unser Großer soll dann langsam seinen Universitätsabschluss machen, die Mittlere vielleicht einen Fachabschluss, und sich dabei nicht die Haare ausreißen. *(Einheizer möchte unterbrechen, Frau mit Zukunft schiebt ihn weg und wird lauter.)* Sie sollen es leicht haben, auch über Gras gehen können im Garten. Endlich, nach einem Jahr der Stagnation aufgrund der zu erwartenden Erkrankung. *(Zu Einheizer.)* Ja, ich habe schon verstanden, schneller … *(Einheizer zieht sich zurück mit Vergeblichkeitsgesten unter dem Motto: Lassen wir sie reden, bringt eh nichts.)* Die Nachrichten werden ausbleiben, in siebzehn Jahren werden diese Nachrichten über Katastrophen endlich ausbleiben, auch Nachrichten vom siebzehnten Dürresommer in Folge. Von Extremwetterereignissen. Vielleicht weil es mit den Medien nicht mehr so läuft. *(Bürgerin taucht interessiert wieder auf.)* Aber die technischen Neuerungen werden auch geholfen haben, wir werden ja auch der – dank unseres Unternehmens – erfolgten Umstellung der Landwirtschaft beigewohnt haben – und ja, es wird auch Geld dabei verdient werden, aber eben nicht nur, und das ist es ja. Die Ziele der Bundesregierung sollen auch in zwanzig Jahren nicht verfehlt werden und die

Verkehrswende ist eingetreten. Ach, das hatten wir ja schon. Sie sehen, die Konzentration leidet. *(Wehrt Bürgerin ab, die sie stoppen möchte.)* Ich weiß, ich weiß.

EINHEIZER *(kommt wieder zurück)*. So …

FRAU MIT ZUKUNFT *(ignoriert beide)*. So werden wir in zwanzig Jahren wohl nicht mehr gut in Erinnerung haben, wie es heute ist – seien Sie still, ich rede jetzt –, wir werden aber nicht mehr vollzählig sein. Wir sind aber nie vollzählig. Das ist ja heute schon so, aber wir werden uns dann an einen rasanteren personellen Abbau gewöhnt haben, aber wir hoffen, wir werden immer noch mit Singvögeln rechnen, Spatzen, vielleicht werden wir uns verwundert umdrehen, wenn ein Insekt vorbeifliegt, also Spatzen, den Rest kriegen wir ja ohnehin nicht mehr mit. Ich war noch nie gut in Biologie. Und unsere Kinder werden ja schon in einer ganz anderen Welt aufgewachsen sein, die werden ohnehin ein Stück weiter weg von der Natur leben, das sehe ich ja schon jetzt, und es ist klar, dass sich dieser Trend fortsetzen wird bei ihren eigenen Kindern. Vielleicht werden wir aber auch ganz andere Experten geworden sein, ich hoffe aber, wir werden noch was kennen.

EINHEIZER. Die Zeit ist um, der nächste Kunde wartet schon …

FRAU MIT ZUKUNFT *(ignoriert ihn mühsam)*. In 25 Jahren, dann, wenn alles Leben aufhört, wie manche heute behaupten, um es dann gleich wieder zu dementieren, werden wir etwas kennen. Auch in dreißig Jahren, wenn die Abwesenheit der Verkehrsgeräusche insgesamt mit der Ankunft unserer Enkelkinder zusammenfallen wird oder etwas Ähnlichem wie Enkelkinder, werden wir etwas kennen. Denn etwas wird doch noch nachkommen, oder? Etwas wird geboren worden sein. Nein, das muss vorher gewesen sein. Ich bin jetzt total durcheinandergekommen. Die Ankunft war vorher, natürlich, 30 Jahre ist zu lange, so lange haben wir gar nicht mehr. Sei es, wie es sei, wir werden uns unterhalten haben, wir werden Kinder aufwachsen gesehen haben, zuerst die einen, dann die anderen, dann nur noch die anderen. Wir werden noch lange Luft zum Durchatmen gehabt haben. *(Atmet kurz durch, dann wie ein Schlusspunkt.)* Wir werden einiges kommen gesehen haben.

(Atmet durch, Einheizer und Bürgerin sehen sie entsetzt an.)

FRAU MIT ZUKUNFT. Ich brauche einfach mal eine Pause, also sprechen Sie mich bitte nicht an, ich kann einfach nicht mehr. Sie wissen nicht, wie es ist, eine Familie durchzubringen, Sie haben keine Ahnung. Wenn man heute zum Mittelstand gehört, hat man in dieser Zeit voller Zukunft keine Denkpause.

EINHEIZER. Denkpause gibt es hier nicht, Mittelstand auch nicht. Ihre Zeit ist ohnehin schon um, und jetzt kommen Sie und wollen hier auf der Bühne auch noch Zeitkredit. Das kostet was. Also versuchen wir es anders herum: Mit wem werden Sie schlafen?

FRAU MIT ZUKUNFT. Bitte?

EINHEIZER. Herrgott nochmal, mit wem werden Sie mhmhmhm haben in all den Jahren? *(Kichert.)*

FRAU MIT ZUKUNFT. Finden Sie das jetzt nicht etwas unpassend?

EINHEIZER *(lacht)*. Mit keinem!

MANN MIT VERGANGENHEIT *(drängelt sich nach vorne)*.

Aber ich! Ich habe mit ganz vielen geschlafen. Ich kann ganz viel erzählen.

EINHEIZER. That's the right spirit! Ja, vielleicht hilft hier etwas Vergangenheit ...

FRAU MIT ZUKUNFT. Ich meine, hier geht es doch um was anderes. Erstens nicht um uns persönlich, sozusagen privat, und zweitens blicken wir mit unseren Lebensentwürfen in die Zukunft ...

MANN MIT VERGANGENHEIT. Also ja, ich habe eine Vergangenheit, ich habe ganz viel Vergangenheit, aber derzeit eher so leider nur Vergangenheit, weil ich mich neu sortiere. Also eine Vergangenheit bei Daimler, eine ganze Vergangenheit im Dax, wenn man so will, ich war im Bett mit den Automobilkonzernen, auch wenn man das nicht so formulieren würde, ich hatte sogar einige Nebeneinandervergangenheiten, das begann schon in der Zeit der Assistenzen und Praktiken, ich war Frontend, ich war Backend, alles Informatik – und dann noch dieser ganze Weg dahin ...

EINHEIZER. Ein bisschen viel Vergangenheit ...

MANN MIT VERGANGENHEIT. Ja, das würde man heute nicht mehr so – aber ich sortiere mich ja auch neu, und all diese Vergangenheiten fallen von mir ab. Also sie fallen einfach weg, als wäre etwas zu weit gegangen, also die Daimlervergangenheit fällt ab, aber wenn ich ehrlich bin, kann ich mir heute ohnehin nur ein Leben außerhalb des Konzerns vorstellen, ich habe mich ja auszahlen lassen. Sie werden lachen, es war die Bürokratie, die mich da rausgetrieben hat ...

EINHEIZER. Können Sie mal bitte zur Gegenwart ...

MANN MIT VERGANGENHEIT *(unterbricht ihn)*. Also, das

war ja nicht auszuhalten. Man denkt bei Konzernen ja nicht an Bürokratie, aber hier kam sie sozusagen mit dem Rollrasen, um mit den Worten meiner Vorgängerin zu sprechen, sie kam als rollender Rasen über meine ganze Arbeitsfläche – als Fachkraft finde ich schnell etwas Neues, habe ich mir dann gesagt, aber ich finde eben nur immer das Gleiche, und das Gleiche will ich ja nicht mehr, das ist ja Vergangenheit. Vom Gleichen habe ich mich verabschiedet, ich will auch nicht mehr zurückschauen, aber die Vergangenheiten sind alles, von dem ich erzählen kann, weil, jetzt ist da ja nichts. Also keine Gegenwart derzeit noch. Ich würde gerne etwas Sinnvolles machen, aber das ist nicht so leicht. Man landet so schnell im immer Gleichen …

EINHEIZER. Auch bei Ihnen tickt die Uhr …

MANN MIT VERGANGENHEIT. Ich will nicht mehr zurückschauen, immer spreche ich von Daimler, wenn ich von meinem vergangenen Leben spreche. Und diese Vergangenheiten werden merkwürdigerweise mehr, sie schließen sich derzeit zusammen und gleichzeitig fallen sie weg, also sie entfallen …

EINHEIZER. Wir haben nicht mehr ewig Zeit, entscheiden Sie sich …

MANN MIT VERGANGENHEIT. Sie schließen sich zusammen. Ich lebe in einem Sabbatical, sagen alle, die sowas nicht hören wollen, sowas provoziert, ich weiß. Das Leben eines Rentiers. Und es stimmt auch, oder etwa nicht? Na ja, eigentlich immer weniger, bald ist das Geld weg. Ist ja heute nichts mehr wert, nicht so wie früher, vor der Inflation. Ich gehöre also zu den Leuten, die plötzlich etwas hinterlassen wollen und nicht können.

D. h., ich überlege mir, wie es weitergeht mit diesem Planeten. Und dieser Gedanke gehört definitiv nicht zu meiner Vergangenheit. Ich könnte mich ja selbstständig machen für unseren Planeten, oder in ein planetares Ehrenamt eintreten, »ein Ehrenamt«, habe ich mir gesagt, »mach mal ein Ehrenamt!« Aber niemand hat geantwortet, schon gar kein Planet. Nur jetzt, wo das Wasser von allen Seiten kommt, passt das doch …

EINHEIZER. Die Zeit ist abgelaufen, fürchte ich …

MANN MIT VERGANGENHEIT. Wie jetzt? Meinen Sie, es ist bereits zu lange fünf Minuten vor zwölf? Es ist nie zu spät. Für einen Wirtschaftsinformatiker ist es nie zu spät.

EINHEIZER. Doch, doch, auch für einen Wirtschaftsinformatiker ist es zu spät.

MANN MIT VERGANGENHEIT. Sie wissen doch, dass sowas dauert. Als ich noch zuständig war für den Bereich Entwicklung, so vor 15 Jahren, da wussten wir, mit der Elektromobilität, das dauert, das wird noch 20 Jahre dauern, quatsch, noch 30, das sagten wir damals in den Nullern, man kann eben nicht von heute auf morgen eine Wirtschaft umbauen … es fehlt dann doch die Infrastruktur … komisch, die Zukunft war genau 20 Jahre entfernt, und das ist sie heute immer noch … sie bleibt immer in diesem starren 20-jährigen Abstand, die ganze Zeit …

EINHEIZER *(blickt auf die Uhr, wird leicht panisch)*. Der Zeiger der Klimauhr ist längst ausgewachsen …

MANN MIT VERGANGENHEIT. Also ich muss schon sagen …

EINHEIZER *(so ziemlich panisch)*. Er hat alles überwachsen, das ganze Ziffernblatt. Das ganze Ziffernblatt ist voll mit dem Zeiger auf fünf vor zwölf. Wir haben keine Uhrzeit mehr, wir haben keine Uhrzeit mehr. *(Rauscht ab.)*

Politisches Parkett

Duett von Mann mit Vergangenheit mit Frau mit Zukunft.

MANN MIT VERGANGENHEIT. Sag du doch was ...

FRAU MIT ZUKUNFT. Also ich muss schon sagen, ich habe ja auch nicht wirklich Zukunft ...

MANN MIT VERGANGENHEIT. Ich hätte was tun können, als ich Minister war.

FRAU MIT ZUKUNFT. Aber nein, du warst ja nur für kurze Zeit Minister ...

MANN MIT VERGANGENHEIT. Trotzdem, es ist so wenig vorwärtsgegangen ...

FRAU MIT ZUKUNFT. Was soll ich da sagen, ich war jahrelang Ministerin, und es ging auch nicht vorwärts. *(Nach einem kurzen Moment des Innehaltens.)* Du, in Italien haben sie mittlerweile ein Umweltministerium, das den Namen wirklich verdient.
(Sie überlegt kurz.)
Und in England ein Ministerium für Einsamkeit, dass ich nicht lache.

MANN MIT VERGANGENHEIT *(macht weiter)*. Du weißt schon, damals in Lissabon, in Paris, in Kopenhagen, in ...

FRAU MIT ZUKUNFT. Oder im Bundestag, nur mal so.

MANN MIT VERGANGENHEIT. War interessemäßig und innerparteilich nicht machbar.

FRAU MIT ZUKUNFT. Überparteilich schon gar nicht.

MANN MIT VERGANGENHEIT. Ach was, wir waren so abhängig von den Wahlperioden. Da ging ja real nichts.

FRAU MIT ZUKUNFT. Es war der Takt zwischen Realpolitik und Wahlversprechen, zwischen Koalitionsvereinbarung und Lobbyismus. Zwischen Oppositionsgesten und Verhandlung ... Mensch, jetzt hast du mich aber ganz schön auf den Vergangenheitstrack geführt.

MANN MIT VERGANGENHEIT. Und du mich in die Zukunft. Jetzt brauchen wir ein Kurzzeitchina, weil es anders nicht geht, oder zumindest die Drohung, damit die Leute nicht die falsche Partei wählen.

FRAU MIT ZUKUNFT. Sagt wer?

MANN MIT VERGANGENHEIT. Na ich.

FRAU MIT ZUKUNFT. So einfach ist das nicht. Schließlich stehen wir mitten in einem Europa ...

MANN MIT VERGANGENHEIT. Klar, aber es besteht aus Technokratie und Bürokratie ...

FRAU MIT ZUKUNFT. Das sagst ausgerechnet du!

MANN MIT VERGANGENHEIT. Es ist ja nicht so, als hätten alle hier über Schwermetalle promoviert und versuchten es jetzt besser zu machen. Oder als hätten alle ihren Agraringenieur in der Tasche und machten jetzt Food Innovation in Freital.

FRAU MIT ZUKUNFT. Wo bitte schön ist der ewig wachsende grüne Markt, der *new green deal* von dem alle reden?

MANN MIT VERGANGENHEIT. ... also ich entscheide ja nicht mehr, aber ...

FRAU MIT ZUKUNFT. Warum haben wir nicht ...

MANN MIT VERGANGENHEIT. Ich hätte schon früher ...

EINHEIZER *(springt plötzlich herein).* Hätte, hätte, Fahrradkette!
(Er zieht den beiden Figuren den Vorhang vor oder wirft ein Tuch über sie, jedenfalls müssen sie aus ihren Rollen raus. Sie sehen aus wie plötzliche Dienstälteste, die nicht mehr recht wissen, was sie da verloren haben.)

Entracte

FRAU MIT ZUKUNFT. Wie lange haben wir noch?

MANN MIT VERGANGENHEIT. Etwa fünf Minuten.

FRAU MIT ZUKUNFT. Das ist ein Witz, oder?

MANN MIT VERGANGENHEIT. Ich finde das nicht so witzig.

FRAU MIT ZUKUNFT. Fünf Minuten, in denen alles gesagt werden muss. Die alles enthalten.

MANN MIT VERGANGENHEIT. Das sind eben die Vertragslaufzeiten. Fünf Minuten auf der Bühne, in denen von mir alles gegeben werden muss, damit man sieht, dass es mit mir weitergehen kann, so als Schauspieler. Dass ich sozusagen heiß bleibe und nicht etwa nachlasse oder mich sozusagen auf der Bühne ausruhe …

FRAU MIT ZUKUNFT. Ausruhen!

MANN MIT VERGANGENHEIT. … und dann braucht es eben den nächsten Vertrag … und da kommt er schon – danke, Dispo! Die nächsten fünf Minuten also.

FRAU MIT ZUKUNFT. Was?

MANN MIT VERGANGENHEIT. Wir sind schon in den nächsten fünf Minuten. Streng dich mal an!

FRAU MIT ZUKUNFT. Wie im wirklichen Leben. So kommen doch keine Inhalte zustande.

MANN MIT VERGANGENHEIT. Doch, doch, wenn wir uns beeilen, wenn wir ganz schnell machen.

FRAU MIT ZUKUNFT. Du machst Witze. So kann ich mich nicht konzentrieren. Außerdem, es ändert sich nichts. *(Schweigen.)*
Also wir haben ja nicht einmal ein Zehntel von dem gesagt, was wir sagen wollten.

MANN MIT VERGANGENHEIT. Und gleich ist die Zeit vorbei.

FRAU MIT ZUKUNFT. Genau … wir haben nichts gesagt.

MANN MIT VERGANGENHEIT. Also mach schon.

FRAU MIT ZUKUNFT. Wieso jetzt ich?

MANN MIT VERGANGENHEIT. Du bist doch die mit dem Vertrag.

FRAU MIT ZUKUNFT. Bitte? Ich habe nicht mal einen.

MANN MIT VERGANGENHEIT. Bitte? Das habe ich jetzt nicht …

FRAU MIT ZUKUNFT. Ich mache das so … um mich erst einmal zu beweisen, dann kommt vielleicht ein Vertrag, haben sie gesagt.

MANN MIT VERGANGENHEIT. Jetzt machst du Witze … Das wäre doch – Mist, jetzt ist meine Zeit wieder um. Ich brauche langsam Ergebnisse, also hilf mir.

FRAU MIT ZUKUNFT. Ergebnisse? Wir wollten was ändern! Wir wollten hier in diesem Theater doch gemeinsam die Sache in Angriff nehmen. Wir wollten einen Unterschied machen. Und wenn es auch nur fünf Minuten sind, die wir hier gemeinsam an die kommenden Generationen denken.

MANN MIT VERGANGENHEIT. Ja, Frau mit Zukunft.

FRAU MIT ZUKUNFT. Bitte?

MANN MIT VERGANGENHEIT. Tut mir leid, ich habe jetzt einen anderen Job.

FRAU MIT ZUKUNFT. Wie?

MANN MIT VERGANGENHEIT. Ich muss jetzt …

FRAU MIT ZUKUNFT. Deine fünf Minuten sind noch gar nicht um … He!

(steht alleine da, wie im wirklichen Leben, sie spricht etwas verwirrt). Jemand soll das mal genau ausrechnen. Jemand muss mir mal ganz konkrete Daten geben, was mein CO_2-Abdruck nun wirklich ist. Also es muss Transparenz herrschen und ehrliche Preise. Also jemand sollte endlich einmal die ehrlichen Klimakosten an alles drantaggen. Aber bitte ganz deutlich. Nicht immer dieses Greenwashing, man würde mit grüner Technologie etwas fürs Klima machen, aber man verbraucht in Wirklichkeit nur mehr Ressourcen. Atomkraftwerke, Elektromotorik, Hybride … Auch hier im Theater. Jemand muss doch einmal mit den ganz konkreten Daten rüberkommen, nicht immer diese unkonkreten, schwammigen. Man kennt sich gar nicht mehr aus wie bei diesen Tilgungsvereinbarungen. Wer bekommt jetzt welchen Zins? Und was sind die wahren Kosten? Hört auf, mit den versteckten Kosten zu operieren! Und wie lange läuft das Ganze noch?

(Sie wird grob von der Bühne abtransportiert. Der Einheizer erwacht wieder zum Leben. Vielleicht ziehen Schafe über die Bühne.)

EINHEIZER. Also … äh … holt man endlich jemand den Flächenpapst? Also holt jemand mal bitte den Flächenpapst, weil, so geht das nicht. Man kann doch nicht einfach diese Grünflächen hier verbauen, d. h. da wollte ich eigentlich mein Häuschen draufbauen und durfte auch nicht. Also dürft ihr auch nicht. Wo ist der Flächenpapst mit seinem Zwei-Hektar-Ziel für Sachsen. Gemeinsam gegen die Bodenversiegelung!

STIMMEN AUS DEM OFF *(Rufe wie aus der Dispo durch die Anlage in der Theaterkantine).* Wo bleibt denn jetzt der Flächenpapst – Im Bereich »Boden und Altlasten« – Nein, wo ist der Flächenpapst? Flächenpapst, bitte auf die Vorderbühne! Er sollte längst da sein und Auskunft geben! Der Flächenpapst soll auftreten und sich endlich zum dreißig-Hektar-Ziel für Deutschland bekennen.

(Einheizer verschwindet, in Erscheinung tritt die Bürgerin, die ihr Lied singt).

BÜRGERIN. Wer konnte ahnen, dass Fledermäuse wichtiger sind als wir?

Wer konnte ahnen, dass der Rote Milan wichtiger ist als wir – gibt's den überhaupt noch?

Wer konnte ahnen, dass dieser komische schwarze Käfer – na, dass der wichtiger ist als wir – wie heißt er noch? Wie heißt er noch?

Wer konnte ahnen, dass es plötzlich um Flechten und Pilze gehen könnte, um irgendwelche Bodenkriechtiere, Springschwänze, die dem Boden Luft verschaffen, um Fäulnisprozesse, um humuserzeugende Bakterien, und nicht um uns!

Ich glaube mein Schwein pfeift … es pfeift …

Drittes Bild: Grundwasser (hochdrückende Gewässer)

Im Bauch des Wals

Die drei Erwachsenen (wie Shakespeare'sche Hexen): Erwachsene/r und Zweiterwachsene/r stehen vorne auf der Bühne und blicken ängstlich und etwas desorientiert ins Publikum, ein bisschen abgerückt Gegenerwachsener. Der/die Erwachsene gibt den Ton an, der/die Zweiterwachsene eifert ihm nach. Gegenerwachsener hat einen Knopf im Ohr, er telefoniert und wirkt sehr selbstbewusst. Er ist höchstwahrscheinlich der Mann mit Vergangenheit.
Sie also sind der Wal, das Publikum ist das Wasser, wo sie die Kinder vermuten.

ERWACHSENE/R *(blickt suchend ins Publikum).* Meine Kinder sind außerhalb des Wals, da bin ich mir sicher, d. h. sie müssen irgendwo draußen sein, ich suche sie ja schon länger, aber jetzt bin ich mir sicher, ich höre sie reden, ich höre, wie sie sich besprechen.

ZWEITERWACHSENE/R. Die nuscheln ganz schön, finde ich.

ERWACHSENE/R. Es war zuerst ein Murmeln, jetzt aber werden sie lauter. Sie behalten ihre Version des Weltuntergangs nicht mehr für sich. Sie teilen sie aus. Sie klagen an. Weil ich im Wal sitze, sterbe ihre Zukunft, sagen sie.

GEGENERWACHSENER. »Ihr dürft uns nicht als jung bezeichnen«, schreien sie uns an, ihr habt uns alt gemacht.

ZWEITERWACHSENE/R. Ich finde, die nuscheln.

GEGENERWACHSENER. »Ihr seid da drin im Bauch des Wals und habt uns alt gemacht. Vor der Zeit.«

ERWACHSENE/R *(direkt ins Publikum).* Ja, jetzt schaut nicht so betroffen drein, wir wissen, dass ihr jetzt gerade betroffen dreinschaut. Das kennen wir von euch.

ZWEITERWACHSENE/R *(zu Erwachsener/m).* Kommt keine Antwort. Wieder einmal typisch. Man sucht den Kontakt und nichts kommt.

GEGENERWACHSENER. Die gehen zu einer Demo. Hambacher Forst. Danneröder Wald. Kohlekraftwerke. Ich sehe es genau.

ERWACHSENE/R. Wo?

GEGENERWACHSENER. Da hinten: »Glaubt ihr, dass man ewig so weitermachen kann. In eurem Tier hocken und was von unserer Jugend und unserer Zukunft faseln. Irgendwas von Generationengerechtigkeit. Ihr schießt einen Weltwasserbericht nach dem anderen heraus, oder Weltwaldbericht oder Weltluftbericht. Ihr kommt mit der Bundesbremse, aber wisst im Vorhinein, das alles wird nicht funktionieren … ihr seid die, die Zeit haben, denn ihr sitzt im Wal. Wir sind im Wasser, also draußen. Wir sind die mit den kaum sitzenden Augenblicken.«

ZWEITERWACHSENE/R *(leise, das Nuscheln nachahmend).* »Wir sind hier und wir sind laut, weil ihr uns die Zukunft klaut.«

GEGENERWACHSENER *(laut).* »Weil ihr uns die Zukunft klaut!«

ZWEITERWACHSENE/R *(ängstlich zu E).* Tatsächlich ist es hier drinnen (oben) ganz schön voll. Lauter Alte und Altgewordene, d. h. Delegierte aus einem anderen Jahrhundert, ich glaube kaum, dass wir da noch jemanden aufnehmen können.

ERWACHSENE/R. Werden wir auch nicht.

GEGENERWACHSENER. Sie sagen, sie wollen nicht mehr die Kleinen sein, weil, das sind sie ja nicht. Sie müssen andauernd die Großen sein, also so in Wirklichkeit, weil wir den Job nicht machten. Wir säßen ja nur im Wal herum und unternähmen nichts. Wir führten Besprechungen durch, die nichts brächten, also keine Ergebnisse, wohin man schaut, nur Wasser und keine Ergebnisse. Jetzt sei doch die Zeit der Ergebnisse und nicht die Zeit der Nichtergebnisse, also jetzt, um 20.00 im späten 21. Jahrhundert sei …

ZWEITERWACHSENE/R. Wir hatten von Anfang an ein spätes Jahrhundert, findet ihr nicht? Wir hatten von Anfang an ein von vorneherein überholtes Jahrhundert, da konnte man einfach nichts machen.

ERWACHSENE/R *(schaut runter).* He, ich sehe da unten niemanden mehr.

GEGENERWACHSENER. Wir führten Besprechungen durch und seien unauffindbar. Wir seien ja nie zu Hause. Wir würden keine Ansprechpartner in Sachen Zukunft abgeben. Sie würden ja derweil untergehen. Mit all dem arktischen Eis.

ERWACHSENE/R. Da ist niemand mehr!

ZWEITERWACHSENE/R. Sie trauten niemandem mehr. Nicht den politischen Kräften, nicht dem Rest. Nichts als Greenwashing.

GEGENERWACHSENER. Also ich verstehe die …

ZWEITERWACHSENE/R. Wie? Jetzt auf einmal? Ich verstehe gar nichts. Aber so ist das eben, wenn lebende Materie zwischen einem steht. Dabei besteht der Wal aus nichts anderem als Zeit. Die haben einfach keine Ahnung, wie es ist, wenn man durch diese Wand an Zeit gegangen ist. Also, wenn man Erfahrung gesammelt hat. Wenn man weiß, dass es Arbeitsplätze braucht, eine vernünftige politische Umsetzung.

GEGENERWACHSENER. Dabei haben wir keine Ahnung, ob der Wal nicht längst gestrandet ist. Modrig riecht es jedenfalls, man hat hier sicher ein Schimmelproblem. Oder Algen. Ich sage immer, Wasser ist der natürliche Feind des Architekten.

ERWACHSENE/R. Dahinten sind sie!

GEGENERWACHSENER. Ja, ich sehe sie. Unsere Kinder schwimmen.
(Kurzes Schweigen.)
Moment mal. *(Geste, als hätte er einen Knopf im Ohr.) Meine* Kinder sagen eben, sie haben Recht bekommen. Vom Verfassungsgericht, sagen sie, vom deutschen Verfassungsgericht. Wegweisend sagen sie.

ZWEITERWACHSENE/R. Obwohl hier nichts den Weg weist.

ERWACHSENE/R. Wegweiser sind hier tatsächlich nicht aufgetaucht, eher *Weg*weiser. Und »Urteil« hören wir nicht gern, das ist so definitiv. Da muss man sich danach richten. Das ist nicht wegzudiskutieren, und das machen wir ja sonst auch immer. *(Stockt.)* Warum sind wir noch mal im Wal?

ZWEITERWACHSENE/R. Weil wir keine Urteile hören wollen.

ERWACHSENE/R. Quatsch, wegen Ninive.

ZWEITERWACHSENE/R. Ein Ort, wo beide Ministerien

sich gegenüberliegen, das Umwelt- und das Wirtschaftsministerium, wie in einem alten Gegensatz. Und zwischen ihnen steht ausgerechnet die Lore. Damit man gleich weiß, wohin der Hase rennt. Wenn man hier Nachhaltigkeit sagt, meint man Bergbau.

GEGENERWACHSENER. Moment mal …

ZWEITERWACHSENE/R. Aber das wissen die Kinder nicht. Die haben ja keine Ahnung. Sie verstehen nichts von Ökonomie. Z. B. auch nicht, dass die Bauern auf ihre Äcker schauen müssen, das ist ja ihre Investitionsgrundlage, also ihr Produktionsmittel. Also ohne Äcker gibt's ja keinen Ertrag.

ERWACHSENE/R. Oder dass Entscheidungen von Dax-Konzernen nicht so einfach von ein paar Personen getroffen werden.

GEGENERWACHSENER. Moment mal, *meine* Kinder …

ZWEITERWACHSENE/R *(ignoriert Gegenerwachsene/n).* Sicher, im Wal hören sich diese Gespräche auch anders an als draußen.

GEGENERWACHSENER. Meine Kinder sprechen von etwas ganz anderem, die sind ja global unterwegs.

ERWACHSENE/R *(lacht).* Draußen lernt man ja auch eher schwimmen.

GEGENERWACHSENER *(wieder Knopf im Ohr).* Sie können sich nicht mehr über Wasser halten, sagen sie.

ZWEITERWACHSENE/R *(beharrt).* Sie lernen schwimmen. Das ist dann halt so. Sie werden sich anpassen.

ERWACHSENE/R. Wir werden das so oder so nicht mehr mitbekommen.

GEGENERWACHSENER. Jetzt ist nichts mehr zu hören, es ist plötzlich still.

ZWEITERWACHSENE/R. Es war vorher im Prinzip schon still. Also so eine Art Stille.

ERWACHSENE/R. Etwa die Stille aus dem Ahrtal? Die Stille aus dem Mittelmeer, die Stille, herbeigerufen aus Afghanistan, aus dem Sudan? Aus dem Erzgebirge, na, lieber nicht. Das Oder-Neiße-Schweigen? Auch nicht.

ZWEITERWACHSENE/R. Was hat das denn mit dem hier zu tun?

GEGENERWACHSENER. Das Grönländer Eis, das keine Ruhe geben kann? Das antarktische Schelf, das bricht und bricht, das ist so laut, diese bis hierher verrutschende Stille. Die Stille vor dem Schuss.

ZWEITERWACHSENE/R. Wir haben nichts damit zu tun.

GEGENERWACHSENER. Also, meine Kinder *(Hört wieder den Knopg im Ohr.)* ... meine Kinder sind total global unterwegs.

FRAU MIT ZUKUNFT *(taucht wie eine Irrläuferin auf, blickt verwirrt in Richtung Publikum)*. Starrt mich nicht so an? Bin etwa wieder ich schuld an allem? Da stimmt doch etwas nicht. Das ist doch viel zu groß hier! Das kann doch nicht sein. Ich bin's nicht, das ist doch die Politik, also die Politik muss was machen. Ich kenne ja nicht einmal die ehrlichen Preise, ich weiß doch nicht einmal, was hier wirklich einen Unterschied machen würde. *(Verschwindet wieder.)*

ERWACHSENE/R. Bitte einen Screenshot von »sowas von nicht schuld«!

(Kurzes Schweigen.)

FRAU MIT ZUKUNFT *(von der Hinterbühne, als würde sie zu Mann mit Vergangenheit sprechen)*. Aber als Energieminister hättest du schon was machen können. Aber als Finanzminister hättest du schon was machen können. Aber als Wirtschaftsminister hättest du doch was machen können, aber als Agrarminister hättest du schon was machen können. Aber als Umweltminister …

ERWACHSENE/R. Schnauze!

GEGENERWACHSENER *(ironisch).* Bitte Screenshot von »Schnauze!« … bitte … sehen Sie!

Der Wald

Lichtwechsel Gegenerwachsener geht nach vorne an die Rampe und spricht das Publikum direkt an. Im Folgenden sind die Rollen verkehrt, er ist der, der bedrängt wird, die beiden anderen haben moralisches Oberwasser, sie wirken bösartig.

GEGENERWACHSENER. Entschuldigung, Entschuldigung, Entschuldigung! Also ich muss mich wirklich entschuldigen, aber ich habe den Weg einfach nicht gefunden, sorry, ich kam hier echt nicht raus. Ich weiß, ich bin jetzt viel zu spät, ich bin im Grunde auch noch nicht wirklich da, weil – Also ich habe erst den Weg aus IKEA nicht rausgefunden, dann habe ich den Weg aus Karstadt nicht rausgefunden, damit ging es weiter, und schließlich war da noch REWE, also REWE kann man ja nun wirklich nicht auslassen, da habe ich den Weg ebenfalls nicht rausgefunden. Und zu guter Letzt aus der Aral-Tankstelle, das war aber ganz zum Schluss, gut, das hätte auch eine Shell sein können oder eine Esso. DAS IST JETZT NICHT WICHTIG. Fest vorgenommen habe ich mir, morgen aus Deichmann rauszufinden und aus dem H&M, denn morgen ist Kleidertag. Eine echte Herausforderung wird auch sein, den Weg aus dem Mediamarkt zu finden oder aus Saturn oder Decathlon oder Toys'R'Us, aber wem erzähle ich das. Sie kennen das ja, also Sie kennen das ja. Und jetzt dieser Wal, ja, jetzt dieser Wal.

ERWACHSENE/R *(stellt sich ebenfalls nach vorne)*. Hören Sie auf, andere kommen aus dem Lidl und ALDI nicht heraus, das ist die ganze Wahrheit!

ZWEITERWACHSENE/R *(ruft von hinten)*. Und wieder andere aus Penny oder McGeiz nicht … also seien Sie schön still. Woolworth lässt die nicht raus oder KiK.

ERWACHSENE/R. Ja, und wieder andere hängen ganz schön fest in den Asia-Großmärkten von Osteuropa.

GEGENERWACHSENER *(dreht sich zu beiden hin)*. Sie brauchen sich gar nicht so zu echauffieren, ich erkläre gerade meinem Kind, warum ich noch nicht da bin. Warum ich den Weg nicht finde …

ERWACHSENE/R *(nach vorne)*. Kind, Kind, Sie sind doch nicht alleine hier. Alle müssen mithören, was Sie da sagen.

GEGENERWACHSENER *(zu Erwachsener/m, der oder die ihn ignoriert)*. Das ist eine Privatkonversation. Sie haben da nicht mitzureden.

ERWACHSENE/R. Privat gibt es hier nicht.

ZWEITERWACHSENE/R. Genau!

GEGENERWACHSENE/R *(wieder nach vorne)*. Hörst du, Kind, wie manche Menschen es einfach nicht kapieren. *(Dreht sich zu Erwachsener/m.)* Mein Kind möchte wissen, wieso ich noch nicht da bin. Ich erkläre es ihm. Capisci? Das interessiert sich nicht dafür, ob andere aus Trashmärkten nicht herauskommen und eine Klimarevolte machen, das interessiert sich nur ganz konkret dafür, warum ich aus IKEA nicht rauskomme.

ERWACHSENE/R. Das ist öffentliche Erziehung, was Sie hier machen. Dazu kommt, Sie haben überhaupt kein Kind hier bei sich.

GEGENERWACHSENER. Eben, eben, ich bin ja auch noch nicht bei ihm. *(Macht wieder die Knopf-im-Ohr-Show.)*

ERWACHSENE/R. Sie haben hier überhaupt kein Kind.

ZWEITERWACHSENE/R. Wollte ich auch schon anmerken.

GEGENERWACHSENER. Wollen Sie mir mein Kind absprechen? Das ist ja die Höhe! *(Zur Frau mit Zukunft, die am Rand langsam nach vorne gegangen ist.)* Der da nimmt uns das Kind weg!

FRAU MIT ZUKUNFT. Was fällt Ihnen ein? Sollen wir die Polizei rufen?

GEGENERWACHSENER. Was haben Sie mit unserem Kind gemacht?

ERWACHSENE/R. Ich, gar nichts.

ZWEITERWACHSENE/R. Wieso?

GEGENERWACHSENER *(ignoriert Zweiterwachsene/n, die oder der sich wieder zurückzieht).* Sie haben ihm Angst gemacht. Sie haben ihm erzählt, es hätte keine Zukunft mehr. *(Zu vermeintlichem Kind.)* Das ist ein ganz böser Mensch …

ERWACHSENE/R. Hören Sie auf!

GEGENERWACHSENER. Der hat keine Ahnung … mein Kleines …

ERWACHSENE/R. He, wie Sie über mich reden!

GEGENERWACHSENER. Wer redet hier über Sie? Ich rede immer noch mit meiner Tochter.

ERWACHSENE/R. Ja, ja ...

GEGENERWACHSENER. Hören Sie auf, mir meine Tochter symbolisch wegzunehmen. *(Er beginnt hektisch in sein imaginäres Ohrmikro reinzuflüstern.)*

ERWACHSENE/R. Was machen Sie jetzt?

GEGENERWACHSENER. Jetzt rede ich mit meinem Sohn. Meine Tochter hört nicht mehr zu, sie handelt jetzt. Ihr reicht es jetzt endgültig.

ERWACHSENE/R. Bitte. Soll sie.

GEGENERWACHSENER. Nichts bitte. Das ist heute nicht mehr Greenpeace, das kann ich Ihnen verraten.

ERWACHSENE/R. Sie wissen aber schon, dass Sie mir gerade drohen.

GEGENERWACHSENER. Ach, um Sie persönlich geht es doch gar nicht.

(Geht drohend auf Erwachsene/n zu, der oder die sich zurückzieht.)

GEGENERWACHSENER *(Knopf im Ohr)*. Also, wie gesagt, ich bin jetzt aus dem Möbellager raus, vorher war ich aus dem Autohaus nicht raus.

FRAU MIT ZUKUNFT. Das ist so bei uns am Land, da ist man immer aus den Autohäusern nicht heraußen. Da sieht man sich immer im Baustoffhandel wieder. Wir sind nämlich jetzt aufs Land gezogen. Wir wohnen jetzt da, wo die Orte nach Pflanzennamen und Landschaftsresten heißen. Eichfelde, Tiefenbrunn, Talgrund, Wasserloch, Gänsebad, schönes Wäldchen.

ZWEITERWACHSENE/R *(wieder neugierig geworden)*. Schönes Wäldchen?

FRAU MIT ZUKUNFT *(bekräftigt)*. Schönes Wäldchen. Die Orte heißen eben nicht nach Sportereignissen, Unternehmensführungen und Börsenknällen, sondern nach Landschaftsspuren, denn die soll es ja auch noch geben. Also die muss es ja geben. Nach Flussniederungen, Auen und Wäldern, nach Höhenrücken und Schluchten. Kein Navi kann den Weg aus dem Autohaus berechnen, keine linke Spur kann ich nehmen, um zu überholen. Hier ist es ja nicht einmal zweispurig.

GEGENERWACHSENER *(zu Publikum)*. Jetzt kommt der Moment, an dem Sie mich unterbrechen müssen, wo Sie sagen müssen: »Sie brauchen aus IKEA nicht rauskommen, Sie brauchen die Aral-Tankstelle nicht verlassen, es genügt, wenn das 100 Konzerne machen.« Also wenn jetzt mal bitte 100 Konzerne aus der Aral-Tankstelle herauskommen – Bühnentechnik, bitte mal 100 Konzerne aus der Araltankstelle rausbeordern, können Sie das nicht? Bühnentechnik, bitte nur mal 100 Konzerne aus diesem Raum führen, weil, die stecken auch hier drin, also die stecken immer drin! Wenn 100 Konzerne hier rausschleichen, dann sind wir die meisten Probleme los. Dann steht das 1,5-Grad-Ziel. Sie sollen endlich rauskommen und eine Klimaverabredung treffen. Jetzt aber sicher, jetzt aber wirklich sicher!

Hörsaalbesetzung

Die Referenten sind wieder kurz vor einer Pressekonferenz, einem Publikumsgespräch. Im Hintergrund das Grundrauschen der Menschen, die in einen Saal strömen.

REFERENT. Wir sind uns doch einig, wir dürfen die Kinder nicht sprechen lassen.

REFERENTIN. Klar, sie sollen nur im Bild sein.

REFERENT. Auf keinen Fall reden.

REFERENTIN. Am besten mittig.

REFERENT. Machen sie aber nicht.

ZUSATZREDNERIN. Die platzen mit ihrer Zukunft raus, die ihnen gestohlen wurde.

REFERENT. Wir lassen den Pressesprecher reden, niemand sonst.

REFERENTIN. Man kann ja Interviews später anbieten.

REFERENT. Bloß nicht.

ZUSATZREDNERIN. Und jetzt haben sie doch gesprochen.

REFERENTIN. Was?

ZUSATZREDNERIN. Na, da schaut man einmal nicht hin, und schon reden die.

REFERENT. Ach du lieber Himmel, ich dachte, du bist dafür verantwortlich.

ZUSATZREDNERIN. Ich dachte, das machst du.

REFERENT. In meinen Zeiten als Pressesprecher wäre das nie passiert.

REFERENTIN. Die Kinder für Einzelstatements später, aber nie für ein ganzes Gespräch!

ZUSATZREDNERIN. Und jetzt haben sie das ganze Gespräch gemacht.

REFERENT. Jetzt werden wir das nicht mehr los.

(Jetzt wird Kind 1 sichtbar.)

KIND 1. Die Amalia spricht … Also, die Amalia spricht jetzt, ich bitte um Ruhe, die sagt jetzt, wir wollen uns ein paar Geschichten erzählen, denn wir haben etwas erlebt. Also, die Amalia z. B. ist in der Abfall- und Kreislaufwirtschaft unterwegs, und da bekommt sie so einiges mit. D. h., alles läuft auf ein Mischwassersystem hinaus. Das Mikroplastik landet natürlich in der Elbe, die Medizinrückstände landen natürlich in der Elbe, das geht doch gar nicht anders hier, besonders bei Starkregen. Jede Menge Schwermetalle und Phosphate im Klärschlamm obendrein, aber was soll man machen. Den Starkregen schafft unser Kanalsystem nicht, sagt die Amalia, und wir haben jetzt oft Starkregen. Pssst! Die Amalia spricht, die Amalia hat uns was zu erzählen, also hören wir ihr bitte alle zu! Ich weiß, das ist um diese Uhrzeit schwierig, es ist ja immer spät, also es ist ja immer zu spät. Also … psssst! Die Amalia spricht und möchte über Mikroplastik informieren. Das stammt ja hierzulande hauptsächlich vom Autoreifenabrieb, so in den Städten. Ja, die Amalia ist in der Abfall- und Kreislaufwirtschaft unterwegs und bekommt sowas dort eben mit. Der Autoreifenabrieb, sagt sie, das ist aber nur ein Beispiel jetzt für vieles, was hier nicht richtig läuft. Aber es gibt auch Errungenschaften hier im Klärwerk. Z. B. unsere neuen Fauleier, Fauleier in Faultürmen. Mit denen haben wir etwas geschafft, sagt die Amalia, wegen der Energiegewinnung. Wegen der Methangasproduktion in den Fauleiern gibt es sowas wie Energiegewinnung aus der Abfallwirtschaft. Noch einen Moment … die Amalia möchte noch hinzufügen, dass Deutschland die besten Filteranlagen herstellt, aber die nur in die Schweiz und nach Kanada exportiert und gar nicht selbst benutzt. Warum benutzt es die nicht, fragt die Amalia, und jetzt ist sie plötzlich fertig mit reden …

ZUSATZREDNERIN. Und? Wäre das so schlimm?

REFERENTIN. Der Phosphor! Wir waren noch gar nicht beim Phosphor und der Pflanzenkohle …

ZUSATZREDNERIN. Wir waren noch gar nicht beim sachsenweiten Bündnis, und –

REFERENTIN. … und dem Workshop mit dem Gastroverband wegen der Recyclingbehälter, mit dem Verband der Bauwirtschaft und den Reifenherstellern.

REFERENT. Hallo! Das war keine gute Idee, dass wir sie …

ZUSATZREDNERIN. Wir sind noch 400 Schadstoffe von dem biologischen Abbaubaren entfernt.

REFERENTIN. Wir sind keine Experten im Detail, wir geben nur Anstöße.

REFERENT. Ja, wir …

ZUSATZREDNERIN. Und legen keinen Zeigefingerauftritt hin. Aber was machen die?

KIND 1. Es geht darum, wie wir vom Schädling zum Nützling werden.

ZUSATZREDNERIN. Ja, ja, wissen wir.

FRAU MIT ZUKUNFT *(blickt ins Publikum)*. Hey! Plötzlich haben wir wieder Kinder, das ist ja großartig. Das ist ja ganz fantastisch.

MANN MIT VERGANGENHEIT. Ja, plötzlich stehen da Menschen, die sich als unsere Kinder ausgeben, und wir sind uns nicht sicher, kennen wir die noch?

FRAU MIT ZUKUNFT. Aber klar doch, klar doch! Nur plötzlich gibt es Schulen, die bei uns anrufen und uns erklären, dass es so nicht weitergeht. Die Kinder würden nicht erscheinen, also beim Unterricht erscheinen, sie blieben dem Unterricht fern, um zu demonstrieren. Z. B. fehlten sie beim Schwimmunterricht, der ist ja nachmittags. Und so lernten sie nicht schwimmen, und das Schwimmen ist im Moment eine äußerst wichtige Fähigkeit. Also das soll man schon gelernt haben.

MANN MIT VERGANGENHEIT. Sie wollen aber nicht, sie sagen, sie haben ohnehin keine Zukunft, wozu also schwimmen. Ich frage mich, sind das noch die Kinder, die vom Bundesverfassungsgericht recht bekommen haben? Nein, die Kinder, die vom Bundesverfassungsgericht recht bekommen haben, sind weit weg, das waren ausgewählte Kinder, die ihren direkten Schaden nachweisen konnten, deren ganz konkrete Einschränkung der Freiheitsrechte zu konstruieren war, diese Kinder hier haben kein Recht bekommen.

FRAU MIT ZUKUNFT. Sind es die, die lieber über Afghanistan reden als das Tauschcafé? Sind es die, die lieber über Produktionsbedingungen in Bangladesch sprechen wollen als über die ökologische Nischenproduktion?

MANN MIT VERGANGENHEIT. Ich weiß es nicht, ich weiß es nicht, ich kann nicht so weit sehen.

REFERENTIN. Wer hat die Kinder sprechen lassen?

REFERENT. Meine Rede. Damit hat ja keiner gerechnet, dass die einfach loslegen, dass sie jetzt überall da sind.

REFERENTIN. Und im Alleingang Pressekonferenzen …

REFERENT. Aber immer schön außerhalb des Wals. So hört die doch keiner.

ZUSATZREDNERIN. Doch, doch, die werden gehört, und wie! Die erzeugen ja den ganzen politischen Druck. *(Kind 2 kämpft sich nach vorne.)*

KIND 2. Also der Sven spricht jetzt. Der Sven macht jetzt Vorschläge, was wir alles unternehmen könnten. Den Sven lässt leider niemand ausreden, das wird schwierig mit dem Sven. Wird er Gehör finden? Er macht ja auf Wasserstoffthematik, das kommt im Augenblick immer gut, das geht so nach vorne, das ist so Zukunft. Aber die anderen sagen, das ist nur *business as usual.* Dabei hat der Sven etwas erlebt. Er hat eine Wasserstofffirma gegründet, das war vor Jahren, da war er noch ein halbes Kind, frisch von der Uni, und hatte kein Produkt und keinen Markt. Jetzt ist er ein ganzes Kind und hat ein Produkt, aber immer noch keinen Markt. Der Sven spricht auch so leise. Er flüstert jetzt: Schon mal was von Lobbys gehört? Der Sven geht aber weiter vorwärts, der lässt sich nicht so leicht unterbrechen. Er blickt in die Zukunft und trifft dort die EU-Kommissarin für Energiewirtschaft, die aber auch nicht weiterweiß. Er sagt ihr: Wir brauchen ja eine Alternative, einen Ersatz fürs Öl. Wir brauchen Kraftstoffe, ist ja logisch, und der Sven ist ganz in Kraftstoffen zuhause, auch wenn man ihn fast nicht hört. Doch jeden Moment kommen die Saudis ums Eck und nehmen dem Sven die Marktlücke weg, oder die Marktposition, was weiß ich. Der Sven möchte jetzt bitte einmal ausreden. Könnt ihr den Sven mal ausreden lassen? Also das heißt, unterbrecht den mal nicht! Der Sven fängt jetzt von vorne an, hat aber Schluckauf. Er sagt: Die schlechte Nachricht zuerst, und das soll man schon mal nicht sagen. Also so soll man nicht beginnen. Ja, die schlechte Nachricht zuerst: Wir haben keine Zeit mehr. Wir haben den Punkt vermutlich schon lange überschritten. Der Sven sagt nochmal: Die schlechte Nachricht zuerst. Dabei hat er sie ja schon gesagt. Aber jetzt kommt eine zweite schlechte Nachricht: Wir werden um ein Kurzzeitchina nicht herumkommen. Ernährungsdiktatur, Mobilitätsdiktatur, Konsumdiktatur, Rationalisierung. Der Sven sagt, das sei nicht seine schlechte Nachricht, er hat da noch eine andere, aber bezüglich des Kurzzeitchinas möchte er sagen, das könnte auch anders gehen, wenn wir ganz schnell den Absprung aus den fossilen Rohstoffen schaffen. Und jetzt sagt der Sven nichts mehr. Jetzt geht eine Stille aus vom Sven. Was ist mit deiner schlechten Nachricht?

REFERENT. Wer hat die Kinder sprechen lassen, o weh! So bekommt man das nie durch. Wir wollen doch alle eindeutig in andere Zeiten hinein, aber mit solchen Drohungen …

ZUSATZREDNERIN. Wir schreiben Rechtsgeschichte, sagen die Kinder, wir sind auf dem Klageweg. Wir haben schon mehrere Klagen hinter uns, sogar das Bundesverfassungsgericht, das ist doch toll, also das ist doch sowas von großartig. Nur wohin gehen wir weiter?

REFERENTIN. Das soll man nicht überbewerten. Die Politik muss auch noch was draus machen. Das Recht alleine …

REFERENT. Können wir das bitte einmal außen vor lassen? *(Kind 3 kämpft sich nach vorne.)*

KIND 3. Also jetzt spricht die Tonke. Tonke möchte mal etwas klarstellen, sie findet nämlich die ganzen Initiativen hier zu Reparaturcafés und Tauschzirkel super. Sie findet auch die Informationskampagne klasse, da muss man echt nicht dran rühren. Sie würde überhaupt für mehr Solidarität plädieren. Also es hat sich ja eine breite Allianz aus ganz unterschiedlichen Initiativen gebildet, die Hand in Hand zu gehen gelernt haben, als Queere, als *LGTBQ community*, als Menschen im antirassistischen und antikolonialistischen Empowerment, einfach INTERSEKTIONAL denken und handeln! Das ist alles ganz schön ermutigend, das zu sehen. Die Tonke erinnert uns alle daran, dass die Probleme woanders gemacht werden, nicht hier bei uns. Sie werden auf höchster Ebene gemacht, und die höchste Ebene gilt es zu attackieren. Das sei ja ein Herrschaftsraum, durch den man sich bewege ... die Tonke unterbricht sich und ruft plötzlich, es bräuchte nur 100 Konzerne, aber eben nicht nur. »Wir kennen alle ihre Namen!« Da müsste man jetzt einmal Aktionen setzen, sagt jetzt die Tonke. Sie lacht und fährt fort, die Tonke fährt eigentlich immer fort und spricht von der Hand, »wir sind wie fünf Finger einer Hand und Hände bewegen was«, aber bei der Hand bleibt die Tonke nicht stehen, die Tonke bleibt eigentlich nie stehen, sie kommt also zu den Füßen und erinnert an die polizeiliche Gewalt, die man erlebt hat, und wie sich da ein fester Verband aus staatlicher und unternehmerischer Gewalt gebildet hat, sie meint, dass das eigentlich ganz klare Fronten sind, »und wir wollten hier einen friedlichen Protest hier leisten«, es ist doch ziviler Widerstand.

KIND 2 *(müde)*. Wir wissen das.

KIND 1. Wir haben die Informationen längst.

KIND 2. Das ist alles so negativ.

KIND 3. Wieso jetzt negativ?

KIND 1. Ja, gut. Negativ. Aber eben nicht nur.

KIND 2. Ja, was ist das für eine Vollsperrung, in die wir geraten?

ZUSATZREDNERIN. Ja, habt ihr diesen ganzen EU-weiten Aufbruch verschlafen? Da passiert doch jede Menge im Moment!

KIND 3. Du hast hier nichts zu melden.

ZUSATZREDNERIN. Also ich stehe voll hinter euch!

KIND 2 *(gelangweilt)*. Nein, wir haben den sogenannten EU-weiten Aufbruch nicht verschlafen, wir haben ihn nur nicht gesehen.

ZUSATZREDNERIN. Seht ihr nicht, was hier in dieser Stadt alles passiert? Was all diese Organisationen von Greenpeace bis German Watch auf großer politischer Ebene erreicht haben.

KIND 2 *(müde)*. Das wissen wir.

KIND 3. Ich weiß nur, dass Cem und Lilian da sein wollten. Ich weiß nur, dass Hansel und Gretel nicht erschienen sind. Ich weiß nur, dass wir nicht davon ausgehen können, dass wir Bock und Triptop jemals wieder sehen werden. Und Charly auch nicht.

KIND 1. Zwischen meterdicken Wänden aus Fleisch eingesperrt, das habe ich nicht erwartet. Wann hat uns eigentlich dieser Wal verschluckt? Ich wusste ja gar nicht, dass Kinder auch verschluckt werden? Oder liegt es an der Sendung? Damit wir ein hübsch altersdiverses Bild abgeben? Und: Steckt das Tiefbauamt dahinter?

KIND 3. Das Tiefbauamt steckt immer dahinter.

REFERENT. Ja, das Tiefbauamt …

KIND 2 *(müde)*. Das Tiefbauamt steckt nicht dahinter. Das macht gar nichts.

KIND 1. Ich weiß nur, dass sie ständig bei mir anrufen und herumkritisieren.

KIND 3 *(alarmiert).* Das Tiefbauamt?

KIND 1. Nein, die Polizei, die für die Demoroute zuständig ist. Die besorgten Bürger …

ZUSATZREDNERIN. Merkt ihr nicht, was ihr da macht? Ihr erzählt euch nur solche Geschichten, die Negatives beinhalten. Die euch erklären, dass alles vergeblich ist. Dass nichts mehr zu retten ist. Dass wir auf ewig in diesem Wal festhängen, ja, auch ihr, während draußen jede Menge Menschen ertrinken. Ich vermute das mal, weil, das hört man immer. Vielleicht ertrinken sie ja auch woanders, nicht vor unserer Haustür. Vor unserer Haustür soll nicht ertrunken werden, vor unserer Haustür ist auch ein schlechtes Ertrinken. Hier herrscht ja mehr Trockenstress. Aber wir sind bereits so daran gewöhnt, dass Menschen anderswo ertrinken, vielleicht bekommen wir es gar nicht mit, wenn sie es doch vor unserer Haustür tun. *(Tritt verwirrt ab.)*

KIND 2 *(müde).* Wer da jetzt negativ ist …

KIND 3. Ich weiß nur, dass ich die Anwaltsnummer auf meinem Arm nicht mehr lesen kann, da habe ich die EA-Nummer fein säuberlich auf den Arm geschrieben und jetzt kann ich sie nicht mehr lesen, weil sie total verwischt ist. Wenn wir jetzt geschnappt werden! Was mache ich, wenn ich eine Anwaltsperson brauche?

KIND 1. Schau auf die Arme der anderen.

KIND 3. Das geht dann vielleicht nicht. Vielleicht habe ich dann keine anderen Arme zur Verfügung. Und wir werden eine Anwaltsperson brauchen. Wir brauchen jemand, der uns wieder rausreitet.

KIND 1. Was soll ich auch anders sein als negativ, wir sind ja einzig mit Negativnachrichten aufgewachsen. Stirbt die Menschheit jetzt aus, fragten wir schon als 10-Jährige. – Nein, das tut sie schon nicht, antworteten damals unsere nervösen Eltern. Wieso? Wir sind doch die letzte Generation, kam dann von uns. – Aber nein, sagten die, erstens, wir machen schon was dagegen, wir machen schon unsere Hausaufgaben, macht ihr mal eure, und zweitens, so schnell geht das nicht. Und wir haben darauf vertraut. Aber sie haben ihre Hausaufgaben nicht gemacht.

KIND 3. Wir sind viele.

KIND 2. Das ist noch keine ausreichende Taktik.
(Lichtwechsel –)

Im Bauch des Wals

Auftritt von Erwachsener/m, Zweiterwachsener/m, Gegenerwachsener/m (Mann mit Vergangenheit), Frau mit Zukunft, Kind 1, 2 und 3. Gruppenszene mit flackerndem Licht, die Erwachsenen sind mit sich selbst beschäftigt …

ZWEITERWACHSENE/R. Was machen die?

ERWACHSENE/R. Sie schwimmen.

ZWEITERWACHSENE/R. Das ist das Wasser, es zwingt uns alle in die Knie.

ERWACHSENE/R. Die einen mehr, die anderen weniger. Ist es nicht so?

ZWEITERWACHSENE/R. Wir sind drinnen, sie sind draußen, das ist das Problem.

ERWACHSENE/R. Das sieht nur so aus, ich sage ihnen immer, verliert den Mut nicht.

FRAU MIT ZUKUNFT. Sie wollen keine Kinder. Also meine Kinder wollen keine Kinder mehr bekommen.

MANN MIT VERGANGENHEIT. Das wollten wir doch auch nicht. Erinnere dich, wer will schon in dem Alter Kinder bekommen?

FRAU MIT ZUKUNFT. Sie meinen das viel ernster, das mit dem Nichtkinderkriegen.

MANN MIT VERGANGENHEIT. Ich bitte dich: Mit elf, zwölf, dreizehn?

FRAU MIT ZUKUNFT. Siebzehn.

KIND 3. Was an den Worten »Keine Zukunft« versteht ihr nicht?

KIND 1. Ihr sagt, das Ende des Jahrhunderts kommt noch lange nicht, wir sagen: Das Ende des Jahrhunderts ist schon lange da gewesen.

KIND 2 *(müde)*. Und ist immer noch da. Das bleibt jetzt bei uns.

KIND 3. 14 000 Forscher:innen klagen an. 140 000 Demonstrant:innen alleine in der Stadt.

FRAU MIT ZUKUNFT *(zu Mann mit Vergangenheit)*. Hören wir auf, er ist in einem verletzlichen Alter. Was willst du ihm noch alles erzählen? Der braucht doch nicht noch mehr von diesen Geschichten.

MANN MIT VERGANGENHEIT *(zu Frau mit Zukunft)*. Ich? Ich habe dem gar nichts erzählt. Außerdem: Der hört ohnehin nicht zu. Seine Aufmerksamkeitsspanne ist ziemlich kurz.

FRAU MIT ZUKUNFT. Was willst du – Pubertät!

(Kurze Stille.)

ERWACHSENE/R. Ich meine, wir können hier alle miteinander reden. Wir können uns an einen Tisch setzen. Niemand muss Angst haben, verprügelt zu werden für seine Meinung oder im Knast zu landen.

FRAU MIT ZUKUNFT *(zu Mann mit Vergangenheit)*. Was sagt er?

MANN MIT VERGANGENHEIT *(zu Erwachsener/m)*. Wie meinen Sie das? Haben die etwas ausgefressen?

ERWACHSENE/R. Besser nicht. Es gibt andere Länder, da wird nicht lange gefackelt.

ZWEITERWACHSENE/R. Ja genau. Das sollten Sie mal Ihren Kindern stecken. Die packen die Kinder einfach in LKWs, und ab mit ihnen.

FRAU MIT ZUKUNFT. Wohin?

ZWEITERWACHSENE/R. Keine Ahnung …

ERWACHSENE/R. Ich dachte, du hast es gelesen, ich dachte, du hast das Handyvideo gesehen …

MANN MIT VERGANGENHEIT. Wir reden hier und reden, und haben ganz die Zeit übersehen. Ich fürchte, wir müssen uns hier entschuldigen, wir müssen langsam nach Hause, nicht? *(Blickt Frau mit Zukunft an.)*

FRAU MIT ZUKUNFT. Ja, weißt du, wo die Kinder sind?

(Kurze Stille.)

MANN MIT VERGANGENHEIT. Nein, nein, nein, mit dreizehn macht man sowas nicht. Das beginnt erst mit sechzehn. Auch wenn Kinder heute anders drauf sind, mit dreizehn ist es definitiv zu früh. Das sagen auch die Psychologen. Mit dreizehn bringt man sich nicht um, auch wenn man es vielleicht doch mal androht. Das ist so eine Geschichte, in die du dich reinsteigerst. Es wird nicht passieren. Hörst du, es wird nicht passieren. Definitiv nicht.

FRAU MIT ZUKUNFT. Was wissen wir, was passiert? Er ist nicht wieder aufgetaucht.

MANN MIT VERGANGENHEIT. Du kommst an seine sozialen Medien ohnehin nicht dran. Das weißt du.

FRAU MIT ZUKUNFT. Ich komme an den sowieso nicht dran, soziale Medien hin oder her.

MANN MIT VERGANGENHEIT. Der kommt schon wieder.

FRAU MIT ZUKUNFT. Niemand kommt wieder. Der findet uns ja nicht mehr.

MANN MIT VERGANGENHEIT. Mit dreizehn, pardon siebzehn lässt man kein Leben hinter sich.

FRAU MIT ZUKUNFT. Denke an Ankes Tochter.

MANN MIT VERGANGENHEIT. Ankes Fünfzehnjährige? Sie haben sie rechtzeitig gefunden.

FRAU MIT ZUKUNFT. Rechtzeitig finden ist eine schöne Sache. Birgüls Vierzehnjähriger hat auch ein Leben hinter sich gelassen.

MANN MIT VERGANGENHEIT. Aber nicht so.

FRAU MIT ZUKUNFT. Ich meine, man versteht es ja, bei allem, was passiert. Sie kommen auf Ideen und denken, die Radikalisierung hilft ihnen. Und dann kommt der Absturz.

(Kurze Stille.)

ERWACHSENE/R. Mir brauchst du nichts erzählen, ich kenne sie alle. Ich habe sie alle im ICE getroffen, diese Kinder auf ihrem Weg ins Rheinland, ins Braunkohlerevier. *Ende Gelände.* Fünf Finger hat die Hand. Kinder, mit Erklärvideos bewaffnet, sind losgezogen, um Revolution zu spielen.

ZWEITERWACHSENE/R. Aus Netflix-Serien geklaute Überheblichkeiten, immer schön antirassistisch, antikolonialistisch, queer und transsexuell. Antisexistisch.

ERWACHSENE/R. Das sind Bürgerskinder, denen bei Gott nichts zustoßen darf. Und alle heißen Greta.

ZWEITERWACHSENE/R. *Noms de guerre*! Eine Gamer-Jugend, die eben noch auf Twitch ihre Spiele gestreamt hat und ihr Leben abhängig macht von Klickzahlen und Followern, und jetzt probt sie den Aufstand.

ERWACHSENE/R. Eben wollten sie professionell sein und jetzt – bumm – antikapitalistisch – und jetzt – bumm – Postwachstum. Das, was geblieben ist, ist das Quasseln, und jetzt ist eben der Klimawandel dran.

(Kurze Stille.)

FRAU MIT ZUKUNFT. Was sagt sie?

MANN MIT VERGANGENHEIT *(Knopf im Ohr)*. Sie sagt, wir tun so, als hätten wir noch Zeit.

(Lichtwechsel, Positionswechsel der Figuren.)

Entracte: Vor dem Bauch des Wals

Wieder die Erwachsenen, aber plötzlich außerhalb des Wals – man hört lautes Stimmengewirr, es ist Zeit vergangen.

ERWACHSENE/R. Was sind das für Stimmen?

GEGENERWACHSENE/R. Das ist mein Sohn. Er erklärt, er komme jetzt auch aus IKEA nicht raus, das hat er geschafft.

ERWACHSENE/R. Nein, was sind das für Stimmen? Ich meine, die kommen von da drinnen …

FRAU MIT ZUKUNFT. Das ist meine Tochter. Sie klingt beinahe stolz, weil sie das Autohaus nicht verlassen kann. Meine Kinder sprechen jetzt von Aral-Tankstellen, die sie nicht entlassen. Ich weiß nur, sie sind nicht da, wo ich bin, vielleicht bin ich also die Ausgespuckte.

ERWACHSENE/R. Vielleicht bin ich der, der längst auf dem Trockenen sitzt und auf Resultate wartet, die es nicht geben kann. Das Fleisch, in dem ich jetzt stecke, heißt Diabetes, es heißt Diagnose. Das Fleisch, in dem ich stecke, heißt verminderte körperliche Leistungsfähigkeit. Ich werde nur noch zu wenigen Dingen zu gebrauchen sein, und dann gar nicht mehr, das geht jetzt schnell. Aber dass mein Sohn, dass meine Tochter da freiwillig rein ist, kann ich gar nicht glauben, ich dachte immer, die machen das besser. Die retten uns die Welt, oder so. Keine Ahnung, warum ich davon ausgegangen bin, aber –

FRAU MIT ZUKUNFT. Kenne ich. Meine Kinder sind da auch drin. Sie sagen, das mit der Weltrettung erledigen schon die Geräte, und sprechen andauernd von Ingenieurswissen, als ob sie was davon verstünden. Eine technische Revolution, die aber immer nicht ankommt, die immer woanders landet, wo man sie dann nicht brauchen kann.

GEGENERWACHSENE/R. »Zu dieser späten Stunde«, frage ich, und die Antwort bleibt aus.

FRAU MIT ZUKUNFT. Wozu gibt es die KI, setzen meine Kinder fort, ich höre sie wie durch eine Fleischwand durch, dabei dürfte nichts zwischen uns liegen. Aber da liegt so viel.

GEGENERWACHSENE/R *(Knopf im Ohr)*. Ich glaube ja, die

Kinder reden von nichts als Krediten und Kreditlaufzeiten. Wir sollten sie wirklich unterbrechen.

FRAU MIT ZUKUNFT. Können wir nicht. Wir sind draußen.

ERWACHSENE/R. Ja, wir sind nicht mehr im Wal. Die Kinder, oder was sich jetzt Kinder nennt, machen jetzt drinnen weiter, sie haben uns längst daraus verabschiedet. Die Stelle im Fleisch bietet genau Platz für sie, aber für niemand anderen mehr.

GEGENERWACHSENE/R. Hört ihr das Wasser kommen? Es kommt nämlich.

FRAU MIT ZUKUNFT. Ja.

(Lichtwechsel.)

Viertes Bild: Dürre

Studio

Ansagerin und Moderator vom ersten Bild vorne, im Hintergrund halten sich auf der einen Seite Erwachsene/r, Gegenerwachsene/r und Frau mit Zukunft, sowie auf der anderen Seite Referent:innen auf. Es herrscht Lagerstimmung. Der Ort, an den man kommt, wenn das eigene Heim abgesoffen ist. Wenn man evakuiert wurde. Ein Ort zwischen Turnhalle, Intensivstation, Studio und Zwischenlager, der kein klar zugeordneter Privat- oder Öffentlichkeitsort mehr ist. Irgendwo hinten wird mit der Zeit ein Krankenbett sichtbar.

ANSAGERIN. Die schlechte Nachricht zuerst.
MODERATOR. So kannst du nicht anfangen.
ANSAGERIN. Ich fange auch nicht an.
MODERATOR. Doch, du musst endlich anfangen.
ANSAGERIN. Ich höre hier auf.
MODERATOR. Es gibt nur schlechte Nachrichten.
ANSAGERIN. Ich erinnere mich nicht.
MODERATOR. Du musst dich doch an deinen Text erinnern. Was macht die Souffleuse?
ANSAGERIN. Glaube mir, ich muss mich nicht erinnern.
MODERATOR. Ich erinnere mich noch an die gute Nachricht: »Wir sind als Umweltverein nicht klagefähig«, haben sie gesagt. Wir sind dann auf die Idee der Generationen gekommen dank dieser wunderbaren Anwältin aus Hamburg. Ja, doch. Die hat Erfahrung, und weiß, wie man so eine Klage aufbaut. Und wir haben es in den Nie-

derlanden gesehen und in England. So baut man etwas, was nicht leicht von einem Richter vom Tisch zu fegen ist. Mensch, das war ein Sieg! Generationengerechtigkeit! Nein: »Die Freiheit zukünftiger Generationen!« Mit dem Freiheitsbegriff ist immer etwas zu drehen. Und jetzt muss die Politik endlich liefern.

ANSAGERIN. Und? Hat sie geliefert?

MODERATOR. Moment – Wir hatten vier verschiedene Klagen eingebracht und die Argumentationen ineinanderlaufen lassen. Das grundsätzliche Argument der Klagefähigkeit in Klimafragen war ja schon vorher akzeptiert worden, das kam vor in einer Urteilsbegründung eines Prozesses, den wir vorher geführt haben. Und jetzt muss die Politik liefern.

ANSAGERIN. Ich bitte dich, das war die gute Nachricht vor einem Jahr.

MODERATOR. Ja. Ich sage ja, die schlechte Nachricht zuerst.

ANSAGERIN. Nein.

MODERATOR. Ach du meine Güte.

ANSAGERIN. Um 21.00 hört es auf zu regnen.

(Man hört Helikoptergeräusche.)

Referentenebene

REFERENTIN. Hast du das Handyvideo gesehen?

REFERENT. Das von den toten Wäldern, durch die nichts mehr kommt?

REFERENTIN. Nein, das Video von dem Fluss, der plötzlich überall ist.

REFERENT. Das ist kein Video.

REFERENTIN. Doch, da gibt es doch Hunderte Videos. Überall gibt es jetzt diese Flüsse.

REFERENT. Das ist kein Video, das passiert jetzt in echt.

REFERENTIN. Nein, ich meine das mit dem Schutt, dem grauen Wasser, in dem alles Leben stehen bleibt. Plötzlich wird das Wasser zu Beton. Man sieht einen Körper darin. Fast unkenntlich geworden.

REFERENT. Ja, all diese Dinge, die ein Leben ausmachen können, sind plötzlich grauer Schlick, Gerümpel. Es ist von der Betretbarkeit die Rede, die jetzt fehlt. Unbetretbare Städte, aus denen nicht einmal Helikopter heraushelfen können. Der ganze Kontinent mit grauem Schlick überzogen, mit Müll und Gerümpel.

REFERENTIN. Ich bin noch bei den aneinanderschlagenden Autos. Höre Autos aneinanderschlagen.

REFERENT. Das sind die Mülltonnen, die hochgehoben werden.

REFERENTIN. Oder Kanaldeckel, und wenn man nachher durch das trübe Wasser watet, fällt man in die Löcher.

REFERENT. Braunes Wasser. Eine Kloake mit enormer Geschwindigkeit.
(Lauscht.) Oh, das war jetzt aber wirklich ein LKW, der von der Wucht des Wassers zusammengefaltet wird.

REFERENTIN. Und kurze Zeit später: Eine völlig stille Landschaft, in der sich nichts mehr bewegt. Der Kontinent eine graue Oberfläche, auf der nichts wächst und lange wachsen wird.

REFERENT. Macht doch jemand das Fenster zu! *(Stockt.)* Aber das ist ja jetzt auch weg. Schau, unser Fenster wurde nach innen gedrückt, und jetzt schwimmt es auch noch davon.

REFERENTIN. Jetzt sitzen wir schon die ganze Nacht in diesem Dachspeicher und kommen nicht runter. Und dann ist auch noch das einzige Fenster weg.
(Wartet kurz.) Und schon beginnt der Geruch. Der beißende Geruch nach Benzin und Heizöl, das sich in schwarzen Lachen auf der Wasseroberfläche abzeichnet –

REFERENT. Der Gestank nach Fäkalien, Kanalisation. Das ist das Wasser. Es drückt alles nach oben, was nicht nach oben gehört und nach unten, was da nichts verloren hat.

REFERENTIN. Macht doch jemand das Fenster zu!

REFERENT. Das tote Wetter ist stehen geblieben. Die Hitze wird dem Ganzen ein Ende bereiten.

REFERENTIN. Aber was soll hier noch brennen?

Studio

ANSAGERIN *(setzt wieder an).* Ich dachte, wir kommen nie aus dieser Trauerfeier heraus.

MODERATOR. Wir sind aus dieser Trauerfeier heraus, und es hieß, jetzt ist die Welt noch immer nicht untergegangen …
(Wartet.)

MODERATOR. Mach einen Screenshot von »Weiterleben«!

ANSAGERIN. Nein, jetzt sind wir auf Sendung.
(Wartet.)

ANSAGERIN. Wir sind auf Sendung und warten auf Armageddon. Ich meine, wie lange reden wir schon davon.
(Wartet.)

ANSAGERIN. Das Spektakel, das dieser Katastrophenfilm – wie hieß er noch? – gezeichnet hat, bleibt doch ganz entschieden aus.

(Wartet.)

ANSAGERIN. Wir sehen nur ein paar graue Wälder, ein wenig Überschwemmung, und langsames Absterben, gaaaanz langsam.

MODERATOR *(antwortet plötzlich).* Wir sind nicht auf Sendung, und das Artensterben sieht man eh nicht. 130 Arten am Tag. Also Arten. Also nicht ... Arten! Die Schöpfung rückwärts runter.

(Wartet.)

MODERATOR. Man sollte trauern. Also ich denke, jemand hier sollte wirklich trauern, nicht so ...

ANSAGERIN *(im Tonfall der Fernseh-Ansage).* Aber ist Trauer hier ein angemessenes Gefühl? Ist jetzt Trauer zu empfinden ein angemessenes Gefühl? Dürfen wir das überhaupt noch, traurig sein?

MODERATOR *(wiederholt).* Wir sind nicht auf Sendung.

ANSAGERIN *(erinnert sich).* Stimmt. Nicht mehr. So richtig.

(Wartet.)

ANSAGERIN. Irgendwie hätte ich doch gedacht, wir würden zumindest etwas davon zu sehen bekommen. Wir sehen hier aber nichts. Weniger Wasser sieht man ja nicht. Wo das Grundwasser mal vor Jahren war, sechs Meter, ist es auf 200 Meter runter.

MODERATOR. Ja, aber das wissen die alles schon.

ANSAGERIN. Aber wir sehen es nicht! Ich meine, man sollte es SEHEN! Wenn wir, wie du sagst, trauern sollen, dann sollte man etwas gesehen haben.

REFERENTIN *(kommt von der Seite, über Publikum).* Haben die nicht auf deren Herweg die Trockenschäden gesehen? Es sollen mittlerweile auf jedem Weg in ein deutsches Theater graue Fichtenwälder zu sehen geben.

ANSAGERIN. Danke! *(Drängt sie weg.)* Ich schaue auf meine Klimauhr, und es ist fünf Minuten nach zwölf, und wir hören von Missernten, wir hören von Hitzetoten, aber wirklich zu sehen ist nichts. Also hier. Ich hätte hier schon ein wenig mehr erwartet.

MODERATOR. Ich bitte dich, wir sitzen im trockensten Ort Deutschlands, und du willst was sehen.

ANSAGERIN. Red nicht. Der liegt in Thüringen.

REFERENT *(kommt von der anderen Seite).* Auch wir sitzen vor dem Dürremonitor. Da sieht man alles.

REFERENTIN *(drängt sich wieder hinzu).* Die letzten Jahre gaben nichts anderes her.

REFERENT. Doch, die Fruchtfolgegestaltung. Wir können sagen, der Lavendel alleine ist es nicht. Lavendel kommt ja weitgehend ohne Wasser aus.

ANSAGERIN *(wieder wegdrängend).* Ein Trockenstress macht noch keine Schlagzeile.

MODERATOR *(die Referenten nachahmend).* Wir sind die mit dem Trockenstress und der CRISPR-Schere, der Genschere. Wir basteln an wasserlosen Arten. Und das mit dünner Personaldecke.

ANSAGERIN. Jemand müsste das mal wirklich einmal beziffern, also den Verlust wirklich beziffern, also mit verständlichen Zahlen rausrücken, nicht immer mit den unverständlichen.

FRAU MIT ZUKUNFT *(nach vorne).* Seien Sie leise, da schläft doch jemand!

ANSAGERIN. Ach unser Patient, den habe ich doch ganz vergessen.

MODERATOR. Was für ein Patient?

ANSAGERIN. Der hört doch nichts mehr. Alles, alles haben wir gemacht, und jetzt passiert nichts.

FRAU MIT ZUKUNFT *(im Hintergrund)*. Pssst!

(Es werden Betten verschoben. Es werden Vorhänge zugezogen. Es piepsen Geräte.)

FRAU MIT ZUKUNFT. Ich kann mir nicht vorstellen, dass er weg ist. Dass es ihn jetzt erwischt hat. Der ist doch gar noch nicht so alt. Und jetzt sitzen wir und warten, dass es mit ihm vorbeigeht. Ist schon komisch. Ein Mensch stirbt, und die Welt steht still.

MANN MIT VERGANGENHEIT. Die Welt steht nicht still. Ich meine, der war ja fast noch ein Kind.

FRAU MIT ZUKUNFT. Ist. Noch lebt er ja. Und »fast noch ein Kind« ist übertrieben.

MODERATOR *(vorne an das vormalige Gespräch anknüpfend)*. Ich bitte dich, jetzt haben die Griechen das Problem, jetzt brennen denen die Wälder, wo man dachte, die haben keine Wälder mehr, weil denen doch bereits alles verdorrt ist, oder bereits abgebrannt …
(Er überlegt.) Die Griechen, die Italiener, die Kanadier, die Australier, die Amerikaner, die Franzosen, die Deutschen, die Spanier, die sowieso …

FRAU MIT ZUKUNFT *(im Hintergrund)*. Pssst!

MODERATOR *(leiser)*. … und immer noch sind Wälder da, erstaunlicherweise gibt es rund um ihre Städte rum immer noch Wälder, die brennen, ja selbst in ihren Städten drinnen Wälder, wer hätte das gedacht. Ich dachte, alle Wälder sind passé. Auf Wälder einigt man sich nur noch in Klimakonferenzen, weil es sie eh nicht mehr gibt.

FRAU MIT ZUKUNFT *(aus dem Hintergrund).* Ist denn hier niemand da, der angemessen …

MODERATOR. Überall diese Bilder von Feuer und Rauch – Italien! Ja, nichts als Rauch, man sieht nichts mehr, man verirrt sich in den Städten.

ANSAGERIN. Das kommt auch von den vielen Menschen. Könnten ruhig ein paar weniger sein. Diese Pandemie hat ja so manches Problem gelöst, mal ehrlich, Gott würfelt nicht, der hat doch einen Plan.

MODERATOR. Bitte?

ANSAGERIN. Uns zu dezimieren, die Spitze zu kappen, wir sind zu viele, 10 % können weg, vielleicht 20, 30 %, dann wird alles einfacher, dann reguliert sie sich von alleine, seine Schöpfung.

STIMME. Stiefmutter Gaia ist böse.

ANDERE STIMME. Ach, hör doch auf!

FRAU MIT ZUKUNFT *(aus dem Hintergrund).* Könnt ihr nicht …

ANSAGERIN *(zischelt).* Die Alten zuerst, das sagen sich doch mehr und mehr Leute, die Jungen darf es einfach nicht treffen. *(Zu Frau mit Zukunft.)* Das denken Sie doch genauso! Die Alten könnten doch ruhig sterben, oder die Außereuropäischen, da kann es ruhig ein paar weniger geben, das sagen die sich und wundern sich, wenn sie dann Lieferkettenprobleme haben.

MODERATOR. Ich bitte dich!

ANSAGERIN. Na, ist ja wahr, die Lieferkettenprobleme kommen mit dem Wegfallen der Außereuropäischen oder der Osteuropäischen, was auch immer, 100 000

LKW-Fahrer fehlen den Engländern alleine in ihrem Brexitparadies, das ist schon bitter. Ohne LKW-Fahrer keine Lieferketten!

MODERATOR. Selbst schuld. D.h., man könnte mal fragen …

ANSAGERIN. Gell? Also ein paar weniger von uns, es müssen aber die anderen sein, das ist doch das gegenwärtige Mindset. Nicht die hier bei uns, aber mal ehrlich, wenn ein paar afrikanische und asiatische Metropolen vom Erdboden verschluckt würden, wenn das alles Hinterland würde, Ressourcen, die wir verbrauchen könnten.

FRAU MIT ZUKUNFT *(kommt nach vorne)*. Können Sie Ihr Gespräch nicht andernorts und zur anderen Zeit weiterführen …

ANSAGERIN. Er hört nichts mehr, das haben die Ärzte zumindest gesagt. Es ist völlig gleichgültig, was wir sagen.

FRAU MIT ZUKUNFT. Er ist noch nicht tot, wenn Sie das meinen.

(Aus dem Hintergrund: Und wir sind auch noch da!)

ANSAGERIN. Jedenfalls fehlt das dicke Ende. Wo sind die großen Todeszahlen, da hieß es immer, jetzt geht es um Todeszahlen. Das sind die einzigen Zahlen, die ankommen.

MODERATOR. Ja, wenn man was verhindern möchte, heißt es das.

ANSAGERIN. Alle anderen kommen ja nicht an. Und so kommen sie andauernd mit Todeszahlen, Sterblichkeitsraten, Übersterblichkeit und so Kram. Ja, ich finde, wir müssen endlich mal überlegen, wer alles sterben kann. Also, wo es nicht so schlimm ist. Das ist doch die Stelle in jedem Katastrophenfilm. Die Alten, die Lahmen, die

Blinden, die Schwachen, die Kranken, die mit Vorerkrankung, die, die woanders wohnen, die, die gerade weggezogen sind, die, die gerade erst hergezogen sind. Die, die eh nichts verstehen. Die uns auf dem Geldbeutel liegen, die, die uns komisch kommen. Die Rückständigen, die schlechtes Deutsch sprechen, die kein Englisch sprechen, die, die nichts vorwärts sprechen …

(Zögert. Moderator entdeckt den Kranken auf der Bühne.)

ANSAGERIN. Also das sage ja nicht ich, so reden doch die Leute manchmal.

MODERATOR. Ja, so reden sie … Was macht der Kranke da?

FRAU MIT ZUKUNFT. Sag ich ja. Die ganze Zeit.

MODERATOR. Weiß das die Theaterleitung? Oder die Inspizientin?

ANSAGERIN *(blickt ins Publikum, auch aus der Rolle gefallen).* Ein Kranker pro Vorstellung ist doch üblich, d. h. eine Kranke.

MODERATOR. Ich dachte, Sie meinen die da unten. Im Publikum haben wir immer Patienten. Aber hier oben?

REFERENTIN. Und mitten auf der Bühne!

MODERATOR. Mitten im Saal – okay. Es sitzt ja immer mindestens eine kranke Person im Publikum, statistisch liegen wir da noch höher eigentlich. Das Publikum ist nicht durchweg fit und gesund. Das ist völlig normal, dass da einige darunter sind, die ganz schön zu kämpfen haben.

ANSAGERIN. Wir werden alle sterben!

MODERATOR. Nein. *Sie* werden alt. *(Zeigt nach unten.) Sie* haben Schwächeanfälle. Glaube mir, Teile des Publikums leiden unter Schwächeanfällen. Und Husten! Manche bekommen einfach auch nur schlecht Luft. Man muss vorsichtig mit ihnen umgehen. Sie nicht zu sehr ansprechen. Aber wir? Wir hier oben? Wir sind nicht Teil dieser Verabredung.

(Aus dem Hintergrund: Angelika, du bist wieder zu laut!)

ANDERE STIMME. Der Kranke, herrje, wir haben den Kranken vergessen.

DRITTE STIMME. Immer vergessen wir den Kranken. Wir können einfach nicht andauernd auf ihn Rücksicht nehmen.

ERWACHSENE/R. Es gibt einen Kranken? Warum?

GEGENERWACHSENE/R. Er bekommt das ohnehin nicht mehr mit.

FRAU MIT ZUKUNFT. Ach, auf einmal.

ERWACHSENE/R. Aber warum?

FRAU MIT ZUKUNFT. Trotzdem, aus Anstand.

ANSAGERIN. Hey, wir müssen jetzt weiter, sonst bekommen wir wirklich ein Problem.

MODERATOR. Wir müssen jetzt schneller spielen, weil wir gar keine Zeit mehr für sowas haben.

ANSAGERIN. Stimmt, wir müssen jetzt schneller spielen, weil ich den Babysitter ablösen muss.

MODERATOR. Wir müssen schneller spielen wegen des Kranken.

FRAU MIT ZUKUNFT. Echt jetzt?

MODERATOR. Wir müssen schneller spielen, weil wir … Uns bleibt nicht mehr viel Zeit. Das wissen wir doch. Der stirbt doch bald.

ANSAGERIN. Wie bald? Ich muss doch die Abmoderation machen. Lasst mir noch Platz für die Abmoderation.

MODERATOR. Nein.

ANSAGERIN. Nein?

MODERATOR. Nein.

Fünftes Bild: Das Meer

Das Meer

Zwei Stimmen beginnen im Wechsel, eine dritte kommt später dazu, Kind 1, 2 und dann 3. Es ist ein in völligem Kontrast zu allen vorigen Szenen streng musikalisches Sprechen in heftiger Dichte. Vielleicht sind im Schlussbild alle Figuren auf der Bühne, vielleicht empfiehlt sich im Kontrast zum letzten Bild eine reine Dreierszene, die eher Verlassenheit ausdrückt. Hier wird das Publikum nicht fiktionalisiert, sondern eher klassisch gespielt.

1. Hat das Meer nicht gesehen
2. Wer
1. Hat das Meer nicht gesehen
2. Das Meer
1. Hat nicht gesehen, nie – waren nur zehn Kilometer
2. Die Figur aus dem Buch
1. Nein, der Junge aus der Highschool, in echt
2. hat kein Meer
1. ja
2. Das nicht, aber anderes
1. Ich bitte dich, zehn Kilometer
2. anderes als das Meer
1. zu deutsch: ein Katzensprung
2. Bushaltestelle Bundy Drive, nein Central Ave
1. und jetzt
2. das Unmeer, das, was jetzt kommt
1. Gibt's nicht

2. jetzt

1. zehn Zentimeter gestiegen, 50 Zentimeter bald

2. Das Meer kommt jetzt zu ihm

1. zu ihr – dem Mädchen, nägelkauend am Straßenrand sitzend.

2. Das Meer kommt gekrochen, geschossen, emporsteigend,

1. nägelkauend, weil es heraus muss

2. graues Wasser sagen sie, Wasser wie Beton

1. eine Latina oder kein Busticket

2. Voller Müll das

1. oder die Eltern wollen nicht, dauernd auf Arbeit

2. Wasser ohne Substanz, einfach in Bewegung

1. in Culver City oder sonstwo.

2. Kommt jetzt

1. Kommt jetzt auf uns alle zu …

2. Uns oder die

1. Aber er

2. Aber sie

1. Hat kein Meer gesehen

2. Ja

1. hat kein

2. Das kommt noch hinzu

1. Da in dieser Stadt, die von nichts anderem spricht als vom Meer.

2. Tourismusfaktor eins

1. Das Meer ist der Star der Stadt

2. Aber jetzt kommt es zu allen und dann will es niemand

1. Hat das Meer nicht gesehen

2. Nicht kommen sehen

1. Keine Busfahrkarte zum Meer – afroamerikanische

Schlüsselkinder, leicht übergewichtig und nachmittags ohne Betreuung
2. Latinas mit unglaublich ängstlichen Eltern oder war es umgekehrt
1. Unterwegs zum Strand.
2. Um zu sehen, um endlich zu sehen
1. Und dann
2. kommt der Bus nicht aufgrund der allgemeinen Lage
1. oder es ist nicht da
2. das ist es nicht, das ist nicht das Meer
1. das ist was anderes
(Kurze Pause.)
2. Die Eltern wollen nicht, dass sie rausgehen
1. wollen nicht
2. und Schlüsselkinder sagt man nicht mehr
1. nachmittags vor allem
2. aber Hunger nach mehr gibt es auch
1. Schulspeisung fällt ja aus in der Pandemie
2. alle Stellen zu, sagen sie
1. Das kommt jetzt öfter
3. Wir hier kennen auch die Abwesenheit
1. Wir sehen ja fern
2. kennen das, wenn nichts da ist
3. mit Verlusten war zu rechnen
1. Bis auf das Meer
2. Verstehe ich nicht
1. Ich auch nicht
3. Aber die Wellen sind schneller
1. Das Meer wächst, heißt es, es wird jetzt schnell größer
2. Wir erkennen es kaum noch, es wechselt die Farbe
1. Was alles Meer ist heutzutage

2. hat die Farbe gewechselt, ist grau und dickflüssig, feste Materie jetzt überall

1. Wasser, das grau wird,

2. und irgendwann stehen bleibt.

1. Wasser, das nur aus Müll besteht, Mitgerissenem, nicht mehr aus sich selbst

3. Sie sind dann Teil des Wassers und wissen es nicht.

1. nix zu sehen

2. Es steht dann

1. keine Kinder mehr

2. bereits fest

(Kurze Pause.)

1. Hat das Meer nicht gesehen

2. wie aus einem Buch über Holzarbeiter im 19. Jahrhundert, die die Eisenbahn entlang der kalifornischen Küste …

1. Hat das Meer nicht gesehen im andauernden 21. Jahrhundert …

2. als Armut noch ein Lied hatte …

1. … ist auch jetzt nichts zu sehen, sagen sie ihm …

3. Fünfzehnjährige jedenfalls, die wütend sind

1. sieht das Meer jetzt

2. schon nicht mehr ansprechbar

1. ist es nicht, das ist es nicht, sagt er oder sie.

2. Gar nicht,

1. wurden getäuscht

2. kannst nicht reden mit denen, geht nicht, kommt nichts raus

1. Schauen weg, sprichst du sie an.

2. hier Handys, dort

3. Seit fünfzehn Jahren dieser Blick

2. Verziehen sich aber nicht, sondern stehen da
3. Urplötzlich eine Wand voller Fünfzehnjähriger, die nicht mehr wollen
1. Hier oder dort oder ganz woanders?
2. Kannst nicht reden mit denen
1. Geht nicht, kommt nichts raus
3. Hier am Land, in der Provinz
2. Wirst dauernd unterbrochen
1. Keinen Satz zu Ende sagen
2. Hören nicht zu und sehen weg
1. aus gutem Grund
3. Machen nicht, was sie sollen
2. Du kommst nicht weiter. Das Gespräch bleibt einfach stehen, wo es war
3. Rempeln dich an und sagen keinen Pieps
1. Haben das Meer nicht gesehen und
3. Rempeln dich an und sagen keinen Pieps
1. werden es nicht mehr sehen, zumindest so, wie es sein sollte
2. das ist jetzt weg auch hier
1. die Lücke schließt sich
3. Als Antwort auf alles
2. was wir unternommen haben
1. nicht unternommen
3. Unsere Kinder sind's nicht, sind von anderen
2. unsere Kinder sind verlorengegangen
1. nichts als Verkehrsbetriebe, Wohnhäuser, Gewerbestandorte
3. Unsere Kinder sind's nicht, die hier sprechen eine andere Sprache
1. auf die es keine Antwort gibt

2. alle Antworten sind schon vorausgegangen
1. oder fallen zurück
2. Richtung Meer
1. auf uns
3. kennt ihr die, ja, sag einmal, kennt ihr die
1. das kommt aber jetzt ein bisschen spät, sagen sie
2. nägelkauend an der Bushaltestelle
3. kennt ihr die?
1. Der Bus kommt heute nicht
3. Uns betrifft es schon nicht, das Meer
1. kommt niemals an
3. wo es nicht hinsoll in unseren Augen
2. Der Bus ist schon lange weg, Jahrzehnte.
1. Das ist die Stadt am Meer
3. und das sind die Fünfzehnjährigen
1. werden einen schon nicht erschlagen
3. oder doch
2. was habt ihr
(Pause.)
2. was habt ihr da
1. Einen Augenblick nur hat er
2. hat sie
1. nicht hingesehen, was soll's, dann war es wieder weg
2. das Meer – unheimlich schön und unheimlich groß
1. nein, das war etwas anderes,
3. unter bestimmten Bedingungen
1. die niemals zutreffen werden in seinem Leben
2. in ihrem!
1. Ja, mein Gott! Unter keinen Umständen gibt es noch eine Verbindung
2. zwischen schön und unheimlich

1. Nur unheimlich und Schluss
2. kein Meer mehr
1. das ist jetzt weg
2. nichts mehr
1. auf dieser Welt
3. nichts.

Ende

Essay: »Das Wasser« schreiben

Seit einiger Zeit ist das Wasser Dauerthema in den Medien. Zu wenig, zu viel, enorme Schäden. Die Jahrhundertflut wechselt sich mit der Jahrhundertdürre ab, Wörter wie ›Trockenstress‹ finden Eingang in unseren Alltagswortschatz. Die Frage, wie lange es braucht, um die ehemaligen zu renaturierenden Braunkohlegruben in der Oberlausitz zu füllen (60 Jahre muss die Spree hineinfließen), steht neben den Berichten über das Fischsterben in der Oder, neben den Bildern der verbackenen Böden und brennenden Wäldern, der Hochwassergebiete in Pakistan und Italien, manchmal sind es offensichtliche katastrophische Szenarien, manchmal nur indirekte Hinweise, wie Informationen über Ernteausfälle etc.

Es sind nur noch seltene Momente, in denen man einen ideellen Auftrag für ein Theaterstück erhält (jenseits vertraglicher Arrangements). Dass es bei diesem Themenkomplex allerdings vor ein paar Jahren (ungefähr 2019) notwendig war, mich hierzu aufzufordern, spricht auch über mich Bände. Mir erschien der Zusammenhang zu abstrakt, zu gewaltig, zu groß, um ihn literarisch zu packen, dazu mit Mythenlast versehen, der Stoff unüberblickbar. Es war das »Theater des Anthropozäns«, namentlich Antje Boetius, Erdsystemforscherin und Leiterin des Alfred-Wegener-Instituts in Bremerhaven, bekannt durch die Polarsternexpeditionen, und der Regisseur und Autor Frank Raddatz, die mich regelrecht aufsuchten und mich aufforderten, mich zu dieser Welttragödie theatral zu äußern, der wissenschaftlichen Sprache gelte es eine künstlerische hinzuzufügen, da Erstere zu wenig begriffen werde. Die Erwähnung der Fakten und Prognosen zeige zu wenig Wirkung, es brauche eine emotionale Verbindung, ein anderes Echo in der Öffentlichkeit. Ein ideeller Auftrag, der mich aber sehr beeindruckt hat. Die Leibniz-Preisträgerin Antje Boetius war schon seit vielen Jahren auf unterschiedlichsten Ebenen engagiert, eine Öffentlichkeit herzustellen, ein Gespräch zwischen den Künsten und der Wissenschaft, um Druck zu erzeugen, eine Bewusstseinslage, die die Kluft zwischen Wissen und Handeln zu schließen vermag, Frank Raddatz hat in zahlreichen Projekten und Gesprächen sich durch die theoretischen Bezüge von Michel Serres und Bruno Latour in Richtung griechische Tragödie bewegt. Und nun ich. Man schreibt immer zu seiner Zeit, also zu dem Moment der Gegenwart, auch wenn daraus etwas entsteht, das durch die Zeiten geht. Mein Moment war der, als in Deutschland die Schäden, hervorgerufen durch die massiven ökologischen Krisen, nicht mehr wegzuleugnen waren. Graue Wälder, die Flut im Rheinland, die ich hautnah mitbekommen habe (ich lebe in Köln), ausfallende Ernten, brennende Wälder. Und dann wir mit unserem vermeintlichen Nicht-Handeln oder Zuwenig-Handeln als Gesellschaft.

Da stellten sich 2021 als Hauptfragen: Warum handeln wir nicht? (Und wer ist wir?) Was hält uns zurück? Sind es die Lobbyisten der Automobilkonzerne, der Energiekonzerne; sind es die Politiker:innen, die auf Realokurs durch ihre Amtszeiten segeln, immer in Angst vor der nächsten Wahl; sind es die Bürokratien, die über die Umweltämter Flächennutzungspläne und Wasserrichtlinien uns Steine in den Weg legen; oder Kommunen, die aus budgetären Gründen Mikroplastikfilter in den Klärwerken verhindern:

Oder sind es wir selbst, die wir nicht ins Handeln kommen, zu wenig Flugscham und Plastikscham entwickelt haben, zu mobil sein wollen für die Grenzen unseres Planeten, die der Resilienzforscher Johan Rockström so klar beschrieben hat?

In Deutschland dreht sich 2021 alles ums Wasser. Um es gleich zu verraten: Wasser ist keine Ressource, Wasser ist eine Kraft, ist ein Urelement, ein Bestandteil unseres Lebens, es als Ressource zu bezeichnen ist schon ziemlich verrückt, es befindet sich in einem steten Kreislauf. Wenn Wasser aus einer Region verschwindet, verschwindet das Leben, das wissen wir mindestens von der NASA, die auf dem Mars sich umschaut nach einem Planeten B, den es nicht gibt. In meinen ersten Gesprächen mit Akteur:innen aus Sachsen erfuhr ich, dass ganz Ostdeutschland unter Trockenstress steht. Es fehlen 800 Liter pro Quadratmeter im Jahr. Aber manchmal fallen in Starkregenregionen die 800 Liter auch an einem Tag. Was dem Boden auch nicht wirklich hilft, denn das Wasser fließt nur ab und dringt nicht in die Tiefe der verbackenen Böden. Der Trockenstress führt zur Abtragung von Erdreich, zum Aussterben eines ökologischen Systems, zu Missernten und zur Versalzung der Böden. Die Nitratbelastung stellt ohnehin ein großes Problem dar.

Einer der tragenden Konflikte des Stücks ist auch der Generationenkonflikt, d. h. ein Konflikt, der auf der Frage, wer wann lebt, beruht. Zeit ist vielleicht auch keine Ressource, aber noch nie hat es in einem so kurzen Zeitraum einen derartigen Unterschied gemacht, wer wann geboren ist. Man kann mir vorwerfen, dass ich insofern so ziemlich anthropozentrisch bin. Ich denke meine Literatur aus sozialen

Konflikten heraus, aus einer Zwischenmenschlichkeit, auch wenn diese zunehmend vermittelt ist über andere nichtmenschliche Akteur:innen. Meine zentrale Fragestellung ist allerdings die nach dem menschlichen Handeln. Ausgezogen bin ich in meiner Recherche (denn als Autorin will ich ja etwas verstehen lernen), Handlungsmodellen zu begegnen: Was machen Menschen, die es besser machen wollen, die etwas ändern wollen, die Konzepte und Pläne haben und soziale Strukturen, in denen sie etwas bewegen? Also weg vom bürgerlichen Schocktheater, hin zu einem Theater, das etwas vorstellen möchte. Ich habe mit zahlreichen Gruppierungen gesprochen: mit der Gründerin und den Mitarbeiter:innen des Umweltzentrums Dresden, mit unterschiedlichen Referenten des Umweltamts, verschiedenen Vertreter:innen der TU Umweltinitiative, von Cradle to Cradle, Fridays for Future und Ende Gelände, mit einer Akteurin der »Woche des guten Lebens« in Dresden, einer Beauftragten der kirchlichen Modellgemeinde, einem Wasserstoffproduzenten, mit Germanwatch, Greenpeace, mit den Teilnehmer:innen einer Nachhaltigkeits-AG im sächsischen Staatsschauspiel, mit einer Bewässerungsbeauftragten einer deutschen Großstadt, einem Demeterbauern im Rheinland, einem Vertreter der Grünen Liga und Betreiber einer Streuobstwiese bei Dresden, einem Antigentrifizierungsaktivisten u. a.

Seltsamerweise erzählten mir zwar alle vom Handeln, aber mindestens genauso, und vielleicht überwiegend vom Nicht-Handeln. Immer wieder wurde über die fehlende Selbstwirksamkeit geklagt, und es mag sein, dass ich damit in den Sog eines beliebten pessimistischen Narrativs geraten bin, aber ich muss sagen, von den Akteur:innen hätte ich es nicht erwartet. Die Einzigen, die durchaus optimistisch und unumwunden tatkräftig in die Zukunft blickten, waren die Anwältinnen und PR-Beauftragten von Greenpeace und Germanwatch. Sie hatten eben, Ende April 2021, die »Klimaklage« am Bundesverfassungsgericht gewonnen – es ging im Urteil um die Freiheit künftiger Generationen, die durch das Nichthandeln der deutschen Bundesregierung bedroht ist, mit der Auflage, dass diese endlich Dinge unternehmen sollte, die den europäischen Klimazielen entsprächen. Was ist seither geschehen? Seither erlebten wir die fortgesetzte Pandemie und den Ukrainekrieg, der plötzlich ganz andere Maßstäbe zu setzen scheint und sogar die Kohleverstromung (und den Weiterbetrieb von Atomkraftwerken) wieder ins Spiel bringt. Ein Hohn für Aktivist:innen. Schließlich wurden in beiden Krisensituationen große Gelder und restriktive Maßnahmen beschlossen, während sie im Klimabereich ausblieben. Die Wut nicht nur der jüngeren Generation ist diesbezüglich verständlich. Was bremst uns also? Warum sind wir nicht bereit, die Verantwortung auf uns zu nehmen? Schon wieder das unbrauchbare Wir?

Die Geschichte von Jona und dem Wal ist eine der bekanntesten aus der Bibel, sie wird aufgrund ihrer Bildlichkeit, Drastik und Unheimlichkeit gerne im Religionsunterricht der Grundschule erzählt und dient in dem Stück als Folie und Bezugserzählung, die uns aus der Fixierung auf die Gegenwart herausholt. Im Grunde ist darin die ganze Klimakrisengeschichte enthalten. Wir erfahren von Stürmen, Fluten und Dürren im Wechsel. Es geht um die Bereitschaft von Jonas, die Botschaft Gottes nach Ninive zu tragen, also die Frage: Übernehme ich Verantwortung für eine Stadtgesellschaft, die nicht einmal meine eigene (!) ist? Und um Handlungsempfehlungen. Um es kurz in eigenen Worten zu skizzieren: Jonas verweigert zuerst, haut auf ein Schiff ab, erzürnt Gott, der den Sturm schickt, opfert sich dann darum wissend und geht über Bord, damit die Schiffsbesatzung gerettet wird. Gott schickt den Wal, der Jonas retten soll und ihn verschluckt. Ein Tier rettet den Menschen, im Tier sitzt der Mensch (was für ein wundersames Bild!), es gibt plötzlich Tier-Drinnen und Tier-Draußen, das ist die ganze Welt von Jonas. Er kommt an Land, geht nach Ninive und warnt. Die Bevölkerung macht, was Gott sagt (geht in Sack und Asche, nicht auf die Weide etc.), und wird verschont. Jonas sitzt vor seinem Haus und ist am Ende zornig, dass nichts eintrifft, was er prophezeit hat. Er hat was verhindert, und das sieht man ja nun nicht, weil es nicht eingetroffen ist. Gott lässt einen Baum in seinem Garten verdorren, Jona weint um den Baum, und Gott sagt: Du weinst um deinen Baum, mir verwehrst du aber, meine Schöpfung erhalten zu wollen. So ungefähr. Der Wal ist für mich das Bild geworden einer einstweiligen Rettung, die aber bereits ein Drinnen und Draußen erzeugt. Also: Wer wird einstweilig gerettet und wer nicht, wer hat überhaupt die Option und wer bleibt draußen? Das Fleisch wird zu einer Wand aus Zeit. (Eine Zeit, die nicht nur vorwärts und rückwärts geht, wie wir das gewohnt sind, sondern Tipping Points beinhaltet, Unumkehrbarkeiten, etwas, das ich absurderweise gar nicht denken kann.) Wie gesagt: Der Generationenkonflikt ist der Konflikt, der sich immer mehr herausschält. Es ist dabei sehr verführerisch, ihn auszunutzen und der nächsten Generation die ganze Widerstandsarbeit aufzubürden. Sie erreichen uns emotional, denn es sind ja »unsere Kinder«, heißt es, also bürgerliche Kinder, die aufstehen. (Mittlerweile sind es gar nicht mehr unbedingt die bürgerlichen Kinder, sondern ganz andere Akteur:innen, aber das ist das öffentliche Bild.) Symbolisch delegieren wir Klimaprotest an die Jugend, was ihn auch gleichzeitig vorerst entmachtet.

Vor einigen Jahren war ich in L. A. auf einer Highschool zu Besuch, ca. 10 km vom Meer entfernt, das ja in dieser Stadt »der Star« ist, der Tourismusmagnet neben Hollywood. Und traf dort auf Kinder, die noch nie das Meer gesehen hatten, weil ihre Eltern kein Auto hatten oder keine Zeit, sie da hinzubringen, oder sie schlicht beschützen wollten, weil es für afroamerikanische Kinder gefährlicher ist, sich durch die Stadt zu bewegen als für nicht derart rassifizierte. Das hat mich schockiert. Die Vorstellung eines Kindes, das das Meer nicht gesehen hat, und jetzt kommt das Meer aufgrund des Anstiegs des Meeresspiegels zu ihm, hat mich beschäftigt. Und natürlich kommt es nicht in seiner touristisch genießbaren Form zu ihm, sondern als Monster. Weltweit betrachtet (und eigentlich ist dies die notwendige Perspektive), sind die Menschen, die von Mobilität und Konsum ausgeschlossen sind, als Erste dran, die Auswirkungen der Klimakrisen zu spüren. Das Leben unter den Bedingungen der massiven ökologischen Krisen ist eines, in dem über Überleben und Sterben entschieden wird. Von uns.

Kathrin Röggla

Anmerkungen

7,9 *Ninive:* Antike Stadt am Ostufer des Tigris, heute als Ruine in Mossul gelegen. Im Alten Testament erlangt die Stadt Bekanntheit, weil sie mit einer finsteren Prophezeiung belegt wird. Aufgrund des bösen Charakters ihrer Bewohner bestimmt Gott sie zum Untergang.

14,1 *Im Bauch des Wals:* Jona wird im Alten Testament von Gott auserkoren, in die Stadt Ninive zu reisen, um den dortigen Menschen von der bevorstehenden Strafe Gottes zu künden. Da er sich jedoch seinem Schicksal zu entziehen versucht, lässt Letzterer ihn von einem Wal verschlingen, in dessen Innerem er mehrere Tage ausharren muss. Nachdem er freigelassen wurde und – nun geläutert – die Bewohner Ninives gewarnt hat, besinnen diese sich auf Besserung und bleiben vom Untergang verschont.

29,9 *Greenwashing:* Methode von Unternehmen und Organisationen, sich insbesondere durch Investitionen in oder Spenden für Umweltprojekte ein ökologisches und nachhaltiges Image zu verleihen, was oft im Kontrast zu deren jeweiligen Arten des Wirtschaftens steht.

35,11 *Glyphosatstreit:* Glyphosat ist ein Pflanzenschutzmittel, das im Verdacht steht, gesundheitsschädigende Effekte hervorzurufen. Sein Einsatz wurde schon mehrfach von den zuständigen EU-Behörden verboten bzw. befristet.

54,7 *Entracte:* Überbrückungsmusik zwischen zwei Akten eines Schauspiels oder einer Oper.

57,14–16 *Fledermäuse ... Rote Milan:* Verweis auf die Konfliktsituation von Energiewende und Arten- bzw. Naturschutz. In der Vergangenheit wurde der Bau von Energietrassen oder Windkraftanlagen an vereinzelten Standorten verhindert, weil insbesondere Artenschutzbelange dafür ins Feld geführt wurden.

77,23 *EA-Nummer:* EA: Abkürzung für Ermittlungsausschuss. Ein Ermittlungsausschuss berät Aktivist:innen bei Festnahmen etc. telefonisch und vermittelt ggf. Anwält:innen.

81,29 *Ende Gelände:* Name einer Klimaschutzinitiative, die durch ihren Protest gegen den weiteren Kohleabbau in Deutschland und die Abholzung des Hambacher Forsts von sich reden machte.

82,6 *noms de guerre:* Kriegs- oder Kampfnamen.

88,26 f. *Armageddon:* In der Johannesoffenbarung wird der Begriff genutzt, um die endzeitliche Schlacht zu beschreiben, die den Untergang der Weltordnung einleitet. Populär ist der Terminus inzwischen auch für Katastrophe gebräuchlich.

90,23: *CRISPR-Schere:* Methode in der Mikrobiologie, um die DNA zu manipulieren bzw. deren Sequenz ›umzuschreiben‹.

Nachwort

Die Klimakrise und das Sankt-Florian-Prinzip

»Streng genommen sind wir für diese Wasserproblematik an dieser Stelle gar nicht zuständig« (S. 27,12–14), stellt die ZUSATZREDNERIN fest. Und wenn es anders wäre oder eine Lösung in Aussicht stünde, müsse man überhaupt erst einmal eine »Systematik reinkriegen« (S. 29,13 f.). Auch andere Figuren stimmen in den Tenor ein. So fordert die FRAU MIT ZUKUNFT etwa, dass »der Meeresspiegel [...] draußen zu bleiben [habe] aus dem Stadtdiskurs« (S. 46,7 f.). Derweil weist die Bürgerin auf die Notwendigkeit hin, den Problemen der Gegenwart eine Priorität gegenüber bevorstehenden Herausforderungen einzuräumen. Diese und andere Äußerungen erweisen sich in Katrin Rögglas Stück *Das Wasser* als symptomatisch für den gesamtgesellschaftlichen Umgang mit dem Klimawandel. Obwohl alle Personen des Textes in unterschiedlicher Weise mit den verheerenden Ausprägungen der Flut konfrontiert waren, reagieren viele von ihnen mit dem Sankt-Florian-Prinzip: Sie wiegeln ab, relativieren oder verdrängen die planetare Umweltkrise hinter dem lokalen Unwetterereignis. Statt das Ganze im Blick zu haben, herrscht »Ressortdenken« (S. 34,26). Jede und jeder versteckt sich hinter ihren bzw. seinen Scheuklappen.

Dabei ist die außerliterarische Situation, die der Autorin als Referenzpunkt ihres ironischen Reflexionsstückes dient, den Angaben von Wissenschaftler:innen zufolge ernst bis drastisch. Schon jetzt prognostizieren zahlreiche Expert:innen, dass das 1,5-Grad-Ziel der Erderwärmung selbst bei höchsten Anstrengungen zur Reduktion der CO_2-Emissionen kaum noch einzuhalten sein wird.[1] Es zeigen sich nunmehr sämtliche Effekte einer neuen erdgeschichtlichen Epoche. Die Rede ist vom Anthropozän, also der mit der industriellen Revolution im späten 18. Jahrhundert beginnenden »Menschenzeit«,[2] in der die humane Spezies zu einer geophysikalischen, nahezu alle Prozesse des Planeten beeinflussenden Kraft avanciert ist.[3] Deren ökonomisches und politisches Handeln beeinflusst empfindlich die Ökosphäre, indem es mitunter zum Abschmelzen der Polkappen und Änderungen von Meeresströmungen beiträgt. Zu den Konsequenzen gehören Extremwetter in nicht mehr kontrollierbarem Ausmaß. Während manche Regionen von Überflutungen heimgesucht werden, leiden andere unter Dürrephasen und Wassernotstand. Zugespitzt hat Röggla diese lebensfeindlichen Bedingungen, indem sie beide in ihrem Stück – veranschaulicht in der Metapher der »Landschaft im Schluckauf« (S. 18,4) – vereint.

1 Norbert Lossau, »Bericht zeigt, dass wir vor unangenehmen Überraschungen nicht gefeit sind«, in: *Die Welt*, 9. 8. 2021 (www.welt.de/wissenschaft/article233028965/Reaktionen-auf-Weltklimarat-Bericht-Vor-unangenehmen-Ueberraschungen-nicht-gefeit.html, Stand: 26. 11. 2022).

2 Vgl. Helmuth Trischler, »Zwischen Geologie und Kultur. Die Debatte um das Anthropozän«, in: *all dies hier, Majestät, ist deins. Lyrik im Anthropozän*, hrsg. von Anja Bayer und Daniela Seel, Berlin 2016, S. 269–286, hier: S. 269.

3 Vgl. ebd., S. 272.

Ihr Fokus richtet sich dabei weniger auf die Frage nach konkreten politischen Lösungsstrategien, die im Übrigen längst bekannt sind, als vielmehr auf die Skizzierung des Umgangs der menschlichen Gemeinschaft mit dem selbst verursachten und drohenden Klimakollaps. Panoramatisch entfaltet *Das Wasser* ein Spektrum von Akteur:innen mit klarer Gruppenzuordnung: Bürger:innen, Verantwortliche aus Politik und Verwaltung, Medien- und Kulturschaffende sowie Jugendliche der Fridays-for-Future-Bewegung nebst deren Eltern. Allein schon der Umstand, dass Röggla gänzlich auf Namen verzichtet, verdeutlicht die postdramatische Ambition, Figuren vornehmlich als Träger von Interessenslagen zum Einsatz zu bringen und dabei auf individuelle Wesenszüge zu verzichten. Dies geht jedoch an keiner Stelle zulasten der dramaturgischen Grundanlage des als »Gesellschaftsdrama« zu bezeichnenden Textes, die vor allem auf dem Konflikt beruht. Ausgetragen wird er primär zwischen den Generationen. Während die Älteren mal mit der allgemeinen Beschleunigung, mal mit landschaftsästhetischen Einwänden beispielsweise gegen den Bau von Windrädern argumentieren, um von der eigenen Schuld abzulenken, repräsentieren die ebenso zu Stereotypen geronnenen Jüngeren mit »Reparaturcafés und Tauschzirkeln« und einem Denken im Zeichen der »INTERSEKTIONAL[ITÄT]« (S. 75,7 f.) eine naive Weltverbesserungshaltung.

Hauptsächlich zeugt das Verhalten der Erwachsenen von Verantwortungsverlagerung. Mitunter wird aber auch die sogenannte »Managementperspektive« erkennbar.[4] Sowohl die Konsumreduktion als auch eine Änderung persönlicher Lebensweisen sollen vermieden werden, weswegen hauptsächlich auf technologische Ansätze zur ›Behebung‹ des Klimawandels, der wiederum aus einer Fortschrittshybris hervorging, gedrungen wird. Denn »wir leben in einer Zeit, in der es um Ingenieurskunst geht« (S. 15,16), so die ZUSATZREDNERIN. »Wasserunabhängige Pflanzensorten« (S. 41,2 f.) oder die ausgiebige Nutzung der »Genschere« (S. 90,24) erweisen sich in einem Zeitalter, in dem kein Gott mehr gebraucht wird (vgl. S. 18,12), offenbar nur als eine Frage der Machbarkeit. Nur darf eben dann nicht Demokratie mit ihrem schwerfälligen Abstimmungsapparat im Wege stehen. Zur eindringlichen Warnung wird daher auch das Schreckensgespinst eines »Kurzzeitchina[s]« (S. 37 [u. ö.]) aufgerufen.

Die Großmetapher: Jona im Wal

Dass indessen weder die Umwandlung der Regierungs- und Staatsform in eine Diktatur noch eine vollständige Umkehr der natürlichen Prozesse durch die Wissenschaft ernst gemeint oder überhaupt realistisch sein dürften, lässt sich an der zentralen Großmetapher des Textes, nämlich den auf die biblische Geschichte um Jona anspielenden Wal, ablesen. Wovon erzählt sie? Bevor ein Meerestier deren

4 Gabriele Dürbeck, »Das Anthropozän als geistes- und kulturwissenschaftlicher Reflexionsbegriff«, in: *Ecocriticism. Eine Einführung*, hrsg. von G. D. und Urte Stobbe, Köln/Weimar/Wien 2015, S. 107–119, hier: S. 110.

Hauptfigur verschlingt, erhält diese von Gott den Auftrag, die Niniviten, die zuvor in Sünde lebten und Feindschaft gegenüber den Israeliten hegten, über ihren baldigen Untergang zu informieren. Allerdings widersetzt sich Jona dem Befehl des Himmelsvaters und bricht in die entgegengesetzte Richtung auf. Erwartungsgemäß bestraft ihn daher der Schöpfer. Bei einem Seesturm wird Jona vom Boot geworfen und von einem Wal verschlungen. Kulturgeschichtlich verdichtet sich darin das Bild des Menschen, der sich auf eine Reise ins eigene Innere zum Zweck der Selbsterforschung begibt. Tatsächlich trägt diese Reise zu einem Sinneswandel bei. Jona darf den Wal nämlich wieder verlassen und überbringt die unheilvolle Botschaft. Weil die Stadtbewohner daraufhin Buße tun, verschont sie der Allmächtige. Gedeutet wird die Geschichte häufig als Parabel für die göttliche Gnade, die aus der Bereitschaft zur Veränderung resultiert. Die Menschen in Ninive wie gleichsam der mit einer Art Auferstehung belohnte Jona bezeugen dazu ihren Willen.

Röggla bedient sich des Motivs nun in ambivalenter Weise. Sich inner- oder außerhalb des Wals zu befinden bedeutet in ihrem Text, jeweils eine andere Perspektive auf das Klimageschehen einzunehmen. Am bequemsten – und ironisch flankiert – mutet der Aufenthalt *im* Organismus an, insofern er dann einen Schutzraum bietet. Insbesondere die Erwachsenen, die noch immer freudig ihrem Konsum in IKEA und im Saturn nachgehen, wähnen sich in ihm wie in einer Wohlstandsblase, zumal man darin kaum etwas vom draußen ansteigenden Wasser mitbekommt. Entgegen der intuitiven Auffassung nehmen sich die Insassen des Wals nicht als dessen Opfer wahr. Das vom/von der CO-RED-

NER/IN entworfene Selbstbild lautet entsprechend der anthropozentristischen Maxime: »Wir werden nicht verdaut, wir verdauen« (S. 17,8). Diese Verkennung der Faktenlage korreliert mit der alten Vorstellung der Bezwingung der Natur, wie sie Thomas Hobbes in seinem *Leviathan* beschrieben hat. Anders als Rousseau vertritt er die Meinung, dass Menschen von Grund auf zum Schlechten, zu Gewalt und Krieg neigen. Erst indem ein autoritärer Herrscher ihre Affekte und ihre Umwelt reguliert, manifestiert sich die Zivilisation. Alles außerhalb gleicht in der epochalen Schrift einem Zustand der Barbarei und der permanenten Gefährdung. Dass sich selbst jener Raum noch euphemistisch umdeuten lässt, verdeutlicht eine Phrase des/der Erwachsenen: »Draußen«, also jenseits des Fisches, »lernt man ja auch eher schwimmen« (S. 62,22 f.). Signifikant wird hierin nicht nur ein topografischer Unterschied zwischen jenen im behüteten Wohlstands-Spa und jenen, die daran nicht teilhaben, sondern ebenso ein zeitlicher. Im Wasser zu sein heißt zugleich, die bedrohliche Zukunft am eigenen Leibe zu erfahren, während die ältere Generation im Inneren noch die jede Tragfähigkeit der Erde überstrapazierenden Privilegien einer absurd gedehnten Gegenwart genießt. Auch wird im Begriff des Schwimmen-Lernens, das im Kern ja eine notwendige Überlebensfähigkeit darstellt, die häufig in Rögglas Werken anzutreffende »neoliberale Verwertungslogik von sozialen, natürlichen und menschlichen Ressourcen«[5] offensichtlich. Ungeachtet der Nöte des Pla-

5 Manuela Günter und Nicolas Pethes, »Zur Einführung. ›Mich interessiert der Text, der Text, der Text!‹. Kathrin Rögglas transliterarische Schreibweisen.«, in: *Kathrin Röggla.* trans*LIT* 2019,

neten zählt noch immer einzig das Diktat zu Leistung und Wachstum. Gleicht der Wal in der biblischen Vorlage noch einem Platz der inneren Auseinandersetzung, so hat er diese Funktion in Rögglas satirischem Entwurf gänzlich eingebüßt. Er offenbart sich nunmehr einzig noch als Scheinparadies, das zum Dauerkonsum und passiven Weiter-so animiert.

Sprache als Analysemittel

Gespiegelt wird diese Sinnleere ebenso in der sprachlichen Konzeption. Zum dezidiert dekonstruktivistischen Zugriff der Autorin auf Zeichenträger gehört zunächst eine Parodie der Floskeln all der Abwiegler und Verdränger. Wir vernehmen vorgefertigte Alltagsreden über die Situation, die (inmitten der Flut) »in trockenen Tüchern« (REFERENTIN, S. 24,17) sei, oder abgedroschene Hoffnungssalven wie »Ich sage ihnen immer, verliert den Mut nicht.« (ERWACHSENE/R, S. 79,1f.). Noch raffinierter fallen indessen Rögglas subtilen, metaphorischen Verquickungsverfahren aus. Eine Stelle arbeitet sie besonders heraus: Als wiederum der Diskurs zwischen den Generationen auf das Hierarchiegefälle zwischen jenen im und jenen außerhalb des Wals gelenkt wird, stellt der/die ZWEITERWACHSENE klar, dass es im Wal bereits sehr voll sei. Daher glaube er/sie »kaum, dass wir da noch jemanden aufnehmen können« (S. 60,1f.). Mit dieser Aussage spielt Röggla natürlich auf die andau-

hrsg. von Pola Gross, Manuela Günter [u. a.], Köln 2019, S. 7–16, hier: S. 11.

ernde Migrations- und Flüchtlingskrise auf dem Mittelmeer an. Diesen Wink mit dem Zaunpfahl als Abschweifung zu interpretieren, würde der ästhetischen Stringenz des Stücks nicht Rechnung tragen. Denn der Text belegt damit: Alles hängt mit allem zusammen, insbesondere in einer Krise von globaler Dimension. Nimmt man all ihre Ausprägungen zusammen, so erkennt man in der Dysbalance der Umwelt auch ein Verteilungsungleichgewicht. Die ›Bessergestellten‹ und Reichen vermögen sich vor den schlimmsten Folgen des Klimawandels zu immunisieren. Die Armen sind ihnen hingegen schutzlos ausgeliefert und müssen vor Fluten und Dürren in andere Länder fliehen. Der Wal als Gleichnis der oft bedienten Redefigur vom Boot, das nicht alle aufnehmen kann, er kann daher noch spezifischer als eine generelle Wohlstandschiffre verstanden werden, nämlich als die Festung Europa, an deren Außengrenzen das Menschrechtsregime seine Gültigkeit zu verlieren scheint.

Faschistoide Muster

Jenes exemplarische Beispiel fügt sich unterdessen noch in einen umfassenderen Sprach- und Bildkomplex. So wie der Wal als gesamtkompositorischer Ankerpunkt an Wichtigkeit gewinnt, so trifft dies gleichsam für das ihn umgebende Milieu, das Wasser, zu. Bereits erfasst als unkontrollierbarer und vorzivilisatorischer Naturzustand, steht es überdies für das gesellschaftlich verdrängte Unbewusste. Sobald es sich in Form der Flut äußert, bringt es die dünne Oberfläche der Humanität und sozialen Gemeinschaft zum

Einsturz, wie es die ANSAGERIN treffend auf den Punkt bringt:

> »Manches wird freigeschwemmt werden, freigespült. Ganze Munitionslager werden freigespült aus dem Zweiten Weltkrieg. Dass dieser Zweite Weltkrieg immer wieder freigespült werden kann, ist erstaunlich. Immer wieder wird er freigespült und mit ihm wird jede Menge mit freigespült aus unserer sogenannten Jetztzeit.« (S. 12,29–13,4)

Gewiss zählt dazu der Egoismus der Besitzstandswahrung im Schatten des Klimakollapses. Wie aber die erwähnte Ausgrenzungstaktik der Im-Meerestier-Befindlichen weiterhin veranschaulicht, werden mit der Überschwemmung ebenfalls koloniale und faschistoide Verhaltensmuster ans Tageslicht gespült. Diese Deutung legt das Zitat nahe, indem darin mehrfach auf das »Immer wieder« des Zweiten Weltkriegs referiert wird. Der Zweite Weltkrieg und seine Opfer, die zahlreiche Minderheiten beinhalten, verstummen nicht. Sein ideologisches Fundament lebt im Untergrund der Gesellschaft fort: in Abwertungsreflexen der Reichen und Mächtigen gegenüber Benachteiligten und Mittellosen genauso wie in der Vorstellung einer alle Bereiche des sozialen Lebens und der Natur einschließenden Praxis der Unterwerfung.

Als Resultat dieser fatalen Politik der schier grenzenlosen planetaren und gesellschaftlichen Ausbeutung erhalten Rögglas Figuren tatsächlich eine Vorahnung vom Weltuntergang und bestätigen, was die Autorin schon in früheren Stücken sowie ihren Einlassungen zu ihrer Poetik stets zum Thema gemacht hat, nämlich den Verlust der Zukunft.[6] Der Gestank von Fäkalien liegt in der Luft, Müll und Unrat bedecken den Kontinent. Trotz dieser unverkennbaren Malaise scheint man den Ernst der Lage noch immer nicht erkannt zu haben, zumal sich weiterhin der Glaube an einfache technische Lösungsoptionen hält.

Endzeit und Publikumsappell

Erst die Schlussszene, die der Regieangabe zufolge ein »musikalisches Sprechen in heftiger Dichte« (S. 96,5 f.) prägt und sich dadurch markant von dem bisherigen Verlauf absetzt, steht im Zeichen einer melancholisch stimmenden Wirklichkeitsannahme. Die Klimax »Das Meer kommt gekrochen, geschossen, emporsteigend« (S. 97,6) offenbart den zerstörerischen Kipppunkt der Klimakatastrophe, wobei auch hier wiederum Momente der Unterschätzung der Situation deutlich werden – wenn etwa 2 darauf hinweist, dass man heute nicht mehr »Schlüsselkinder« sagen dürfe (S. 98,1). Der Neologismus »Unmeer« (S. 96,26) signalisiert hingegen die Neuartigkeit des Ereignisses, das sein Ende im Verschwinden des Wassers findet:

1: Unter keinen Umständen gibt es noch eine Verbindung
2: zwischen schön und unheimlich
1: Nur unheimlich und Schluss
2: kein Meer mehr

6 Vgl. Kathrin Röggla, »Der Elefant im Raum«, in: *Kathrin Röggla* (s. Anm. 5), S. 18–51, hier: S. 24.

1: das ist jetzt weg
2: nichts mehr
1: auf dieser Welt
3: nichts. (S. 101,29–102,6)

Während in der Romantik im Begriff des Erhabenen noch Schönheit und Bedrohlichkeit der Natur zusammenfielen, hat die menschengemachte Umweltkrise zu einer Entkopplung der gegensätzlichen Dimensionen geführt. Es herrscht indessen nur noch eine als »unheimlich« zu charakterisierende Endzeit.

Der Umstand, dass diese Agonie nicht zwangsläufig eintreten muss, liegt zwar angesichts des drastischen Ausgangs in Rögglas Stück nicht auf der Hand, gleichwohl wohnt ihm von Anfang an auch der Geist der Veränderung inne. Nicht zuletzt, weil die Autorin das Publikum in mehrfacher Weise direkt adressiert. Mehr noch: Zu ihrer Ästhetik gehört, dass sie »Rezipient*innen am Prozess der künstlerischen Suche sowohl nach ästhetischen Mitteln als auch nach Perspektiven auf gesellschaftspolitische Zusammenhänge teilhaben lässt.«[7] Festgelegt werden dafür zu Beginn wechselnde Rollen. Mal verkörpern die Zuschauer:innen die Wählerschaft und Experten:innen, mal die Kinder oder Kranke und Versehrte (vgl. S. 8). Indem sie diverse Perspektiven übernehmen müssen, sollen sie das Gesamtbild des gesellschaftlichen, kulturellen und politischen Umgangs mit dem bevorstehenden Klimakollaps überschauen. Die Rezi-

7 Panda Pauline Arndt, »Auf der Suche nach einer widerständigen Ästhetik. Kunst zwischen Engagement und Autonomie«, in: *Kathrin Röggla* (s. Anm. 5), S. 98–111, hier: S. 101.

pient:innen werden dabei in den Status von Mitverantwortlichen versetzt. Mit reichlich Ironie wie gleichsam der wiederholten Selbstreflexion des Theaters, das sich somit als Arrangement eines Planspiels zu erkennen gibt, nutzt die Dramatikerin Verfremdungseffekte nach dem Vorbild Bertolt Brechts. Die Zuschauer:innen sollen intensiv über das Dargestellte nachdenken. Genau auf diesem Appell fußt die Hoffnung hinter der vordergründigen Fatalität. Zumindest während der Aufführung befinden wir uns nicht im metaphorischen Wal. Wir alle sitzen sinnbildlich im Nassen. Angesichts des ansteigenden Wasserspiegels ist Schwimmenlernen das eine, das andere ist der feste Entschluss, Überschwemmungen schon präventiv zu verhindern.

Björn Hayer

Zu den Autor:innen

Kathrin Röggla, geb. 1971 in Salzburg, brach ein Studium der Publizistik und Germanistik erfolgreich ab, um als Prosa- und Theaterautorin zu arbeiten und Radiostücke zu entwickeln. Für ihre Veröffentlichungen erhielt sie zahlreiche Preise und Stipendien. Ihr Essay *Bauernkriegspanorama*, der auch als Hörstück inszeniert wurde, wurde etwa 2020 mit dem Wortmeldungen-Literaturpreis ausgezeichnet und für ihre vielfach und auch international inszenierten Theatertexte erhielt sie 2022 den Else-Lasker-Schüler-Dramatikpreis. Im selben Jahr wurden ihre Theaterstücke *Verfahren* und *Das Wasser* uraufgeführt. 2023 erscheint ihr jüngster Roman *Laufendes Verfahren*. Seit 2015 ist Kathrin Röggla Vizepräsidentin der Akadamie der Künste in Berlin und seit 2020 Professorin für Literarisches Schreiben an der Kunsthochschule für Medien Köln.

***

Björn Hayer, geb. 1987 in Mannheim, studierte Germanistik, Politikwissenschaft und Philosophie. Inzwischen habilitiert, ist er Privatdozent für Literatur- und Kulturwissenschaft an der RPTU Landau. Zudem arbeitet er als Kritiker und Essayist, u. a. für *Deutschlandfunk Kultur, Frankfurter Rundschau, der Freitag,* NZZ *am Sonntag* und *Theater der Zeit.*

Inhalt

Eröffnungsinszenierung *Homo Empathicus*, Deutsches Theater Göttingen. Foto: Thomas Aurin, CC BY-SA 3.0